Astronomía
para todos

EDITOR
Panamericana Editorial Ltda.

DIRECCIÓN EDITORIAL
Conrado Zuluaga

EDICIÓN
Mireya Fonseca Leal

FOTOGRAFÍAS
La imágenes que ilustran esta obra fueron aportadas
por los astrofotógrafos colombianos:

Adolfo León Arango Mejía
Alberto Quijano Vodniza
Alberto Villegas Ramirez
Andrés Fernando Arboleda
Diana Rojas
Eduardo Díaz Uribe
Francisco José Magaña
Freddy Moreno
Germán Puerta Restrepo
Javier Fernando Rua Restrepo
John Jairo Parra
Nicolás Bejarano
Raúl Andrés Joya Olarte
Yesid Lopez

ILUSTRACIONES
Isabel Cristina González

DISEÑO Y DIAGRAMACIÓN
Martha Isabel Gómez

DISEÑO DE CUBIERTA
Martha Isabel Gómez

Puerta, Germán
    Astronomía para todos / Germán Puerta ; ilustraciones Adolfo
León Arango Mejía ... [et al.]. -- Bogotá : Panamericana editorial,
2008.
    124 p. : il. ; 23 cm.
    Incluye glosario.
    Incluye bibliografía.
    ISBN 978-958-30-2729-1
    1. Cosmología 2. Astronomía 3. Telescopios 4. Cielo -
Observaciones I. Arango Mejía, Adolfo León, il. II Tit.
523.1 cd 21 ed
A1135901

    CEP-Banco de la República-Biblioteca Luis Ángel Arango

Primera edición, abril de 2008

© Germán Puerta Restrepo
© Panamericana Editorial Ltda.
Calle 12 No. 34-20. Tels.: 3603077 - 2770100
Fax: (57 1) 2373805
Correo electrónico: panaedit@panamericana.com.co
www.panamericanaeditorial.com
Bogotá, D.C., Colombia

ISBN 978-958-30-2729-1

Impreso por Panamericana Formas e Impresos S. A.
Calle 65 No. 95-28. Tels.: 4302110 - 4300355. Fax: (57 1) 2763008
Bogotá, D.C., Colombia
Quien sólo actúa como impresor.

Impreso en Colombia   Printed in Colombia

Astronomía para todos

GERMÁN PUERTA RESTREPO

PANAMERICANA
EDITORIAL

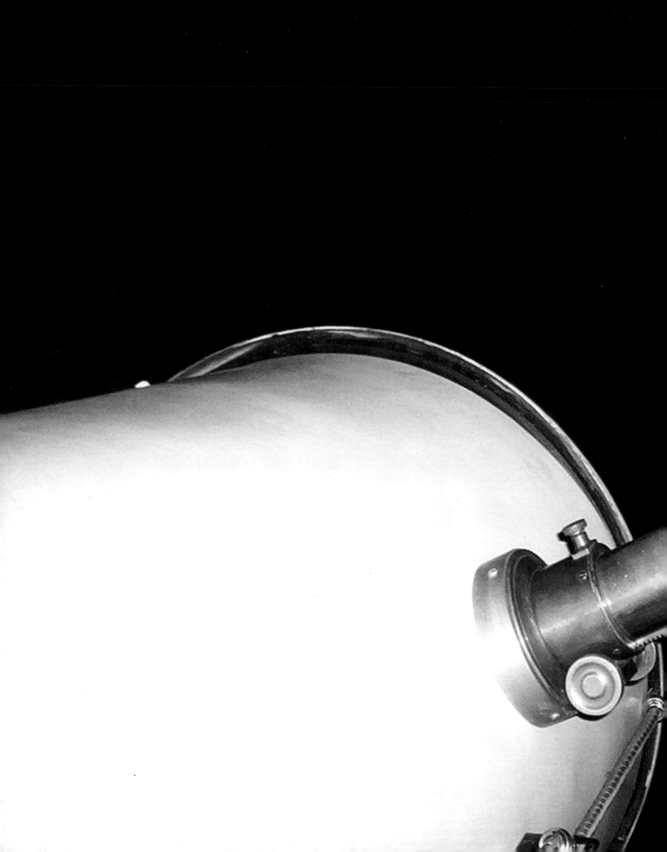

"Enséñale a los niños"

JULIA RESTREPO DE PUERTA

1927-2007

Contenido

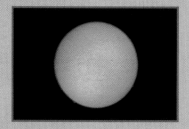

Introducción

El galicismo amateur utilizado erróneamente por la palabra castellana aficionado, proviene de la raíz latina *amador*, "amante". Así que los amantes de la astronomía o astrónomos aficionados esencialmente lo son porque adoran la astronomía y les fascina mirar las estrellas. ¿A quién se le ocurre permanecer horas y horas en una noche oscura y fría en la cima de una montaña observando unos puntitos luminosos que parecen no moverse? A un astrónomo aficionado. Y así ha sido durante siglos, desde las más antiguas civilizaciones hasta la Era del Espacio, pues las emociones que produce admirar los fenómenos de la bóveda celeste son tan intensas que generan inesperados efectos en el espíritu. Esto se evidencia especialmente entre los más jóvenes por su capacidad de asombrarse con las maravillas de la naturaleza.

Desde hace unos cuantos años, la afición de mirar el cielo ha registrado cambios dramáticos: primero, por el desarrollo de los nuevos equipos ópticos y segundo, por la aparición de la Internet. Hoy día, binoculares y telescopios con las calidades y capacidades del nivel profesional de hace 50 años son comunes en las tiendas de astronomía a precios más que razonables. Telescopios con motores de seguimiento y miles de objetos en su memoria computarizada que hace años eran un lujo, ahora están al alcance de cualquier aficionado.

Por otra parte, la Internet nos ofrece información instantánea en un volumen superior a todos los libros de astronomía publicados hasta el lanzamiento del primer satélite artificial, el *Sputnik 1,* en 1957. Además, la comunicación con otros aficionados o profesionales de la astronomía, desde cualquier parte del mundo, nos permite asistir a foros de discusión, leer noticias al instante, estudiar cartas celestes, manejar telescopios distantes y navegar por planetarios virtuales.

Sin embargo, nada de esto reemplaza el éxtasis que representa la observación a simple vista del cielo estrellado en una noche perfecta, en un sitio ideal. Una carta celeste y unos sencillos binoculares multiplican el placer de la observación. Y si se cuenta con un telescopio de buena calidad óptica, y se sabe manejarlo, tenemos a nuestro alcance más universo del que podremos observar en toda nuestra vida, incluyendo cometas, asteroides y estrellas novas que esperan ser vistas primero por astrónomos aficionados que escudriñaban el cielo en el momento adecuado. Las fotografías que acompañan este libro fueron tomadas por astrónomos colombianos y la mayoría no necesitaron métodos ni instrumentos muy complejos; el principiante o aficionado también puede lograrlas.

Iniciarse en la astronomía es muy sencillo, pero, también, con frecuencia hay un mal comienzo. La ignorancia sobre el cielo, sus fenómenos y cómo observarlos, un instrumento inadecuado y erróneas expectativas, pueden conducir a una rápida frustración, especialmente entre los niños.

Este libro está diseñado para aprender a mirar el cielo, a simple vista o con instrumentos, para niños o adultos; no tiene adornos ni complicaciones innecesarias y se basa en la experiencia del autor como divulgador de la astronomía. El mensaje es claro: observar el cielo nos puede cambiar la vida, y es fácil y divertido, muy divertido.

HALO SOLAR (IZQ.) Y HALO LUNAR CON EL PLANETA MARTE.
A simple vista se pueden observar los reflejos luminosos producidos
por cristales de hielo en nubes muy altas.

Viaje por el universo
CAPÍTULO 1

La Tierra y el Sol

El Sol, la estrella central del sistema solar, es nuestra fuente de energía, luz y vida, el responsable del día y la noche, y también de las estaciones del año. Conocer sus movimientos en la bóveda celeste ha sido desde hace milenios una de las claves para la construcción de calendarios y para la organización de la vida cultural, religiosa y social de todos los pueblos.

A simple vista, la primera impresión es que el Sol, las estrellas y toda la bóveda celeste giran a nuestro alrededor. Sin embargo, el Sol no es el que se mueve; su desplazamiento aparente es más bien el resultado de los movimientos de la Tierra sobre sí misma y alrededor del Sol.

La Tierra es uno de los varios planetas del sistema solar que viajan alrededor del Sol, rotando sobre su propio eje una vez por día y completando una órbita en 365 1/4 días, tiempo que llamamos el *año*. Así, el Sol, contra el

FOTOGRAFÍA NICOLAS BEJARANO Y DIANA ROJAS

EL SOL. La observación del Sol exige el uso de filtros especiales.

fondo del firmamento aparenta moverse a lo largo del año sobre un camino que se conoce como la *eclíptica* y que generalmente aparece dibujada en los mapas del cielo. Las órbitas de los demás planetas también siguen trayectorias vecinas a la eclíptica.

En su completo giro diario, en aproximadamente 24 horas, cualquier punto en nuestro planeta alternadamente se expondrá al Sol y se ocultará de éste, día y noche respectivamente. Como este giro terrestre se efectúa de Oeste a Este, entonces el Sol aparece por el horizonte en el Este y se oculta por el horizonte al Oeste.

A lo largo de un solo día, el desplazamiento de la Tierra sobre su órbita es mínimo; por tanto la posición del Sol y de las estrellas en la bóveda celeste es casi igual de un día a otro. Sin embargo, en la medida que pasan las semanas y los meses, se nota el cambio en la posición aparente del Sol y de los demás astros en el cielo.

Primero, el movimiento del Sol a lo largo de la eclíptica hace que las estrellas y constelaciones visibles en la noche cambien, mes tras

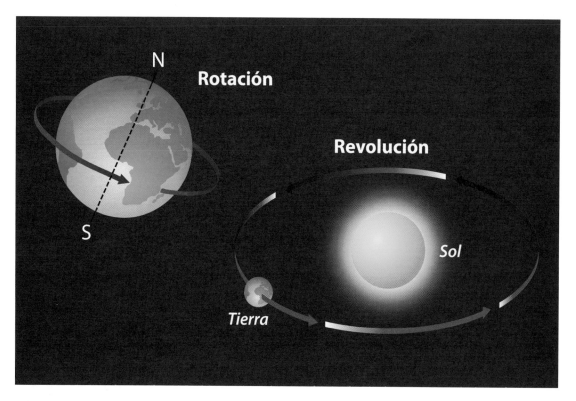

MOVIMIENTOS DE LA TIERRA. La rotación de la Tierra sobre su eje y la revolución alrededor del Sol ocasionan los principales cambios en la apariencia de la bóveda celeste.

mes. Y segundo, la trayectoria anual del Sol sobre la bóveda celeste también tiene un desplazamiento que produce las *estaciones*.

Las estaciones del año se presentan porque la orientación de la Tierra hacia el Sol cambia durante su revolución anual. Esto se debe a que el eje de rotación de la Tierra está inclinado 23,5° respecto al Sol. Así, el Sol transita la mitad del año en el hemisferio Norte del cielo, y la otra mitad en el hemisferio Sur del cielo.

Alrededor del 21 de junio de cada año se produce la más extrema inclinación del Polo Norte hacia el Sol; este momento se conoce como el *solsticio de verano* en el hemisferio Norte (*solsticio de invierno* en el hemisferio Sur). Seis meses después, hacia el 21 de diciembre, la situación es inversa; el Polo Sur se inclina hacia al Sol produciéndose el *solsticio de invierno* en el hemisferio Norte (*solsticio de verano* en el hemisferio Sur).

Hay dos ocasiones en las cuales el Sol efectúa su tránsito aparente de un hemisferio al otro, momento en el cual los días y las noches tienen igual duración en ambos hemisferios. Esto sucede cuando el Sol cruza el *Ecuador Celeste* (el círculo imaginario que divide a los dos hemisferios celestes, Sur y Norte) alrededor del 21 de marzo y el 21 de septiembre cada año, momentos que se conocen respectivamente como *equinoccio de primavera* en el hemisferio Norte (*equinoccio de otoño* en el hemisferio Sur) y *equinoccio de otoño* en el hemisferio Norte (*equinoccio de primavera* en el hemisferio Sur).

Como la Tierra gira sobre sí misma en el sentido Oeste a Este, el movimiento aparente de los objetos de la bóveda celeste se observan en sentido contrario, de Este a Oeste. Por tanto, el Sol sale por el Este y se eleva sobre nuestras

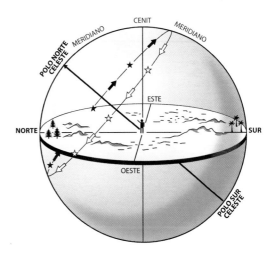

LAS ESTACIONES DEL AÑO. La revolución de la Tierra alrededor del Sol y su inclinación frente al plano orbital producen las conocidas estaciones del año.

EL MERIDIANO. El Sol, las estrellas y los demás astros aparecen por el horizonte Este, culminan en el meridiano y se ocultan bajo el horizonte al Oeste.

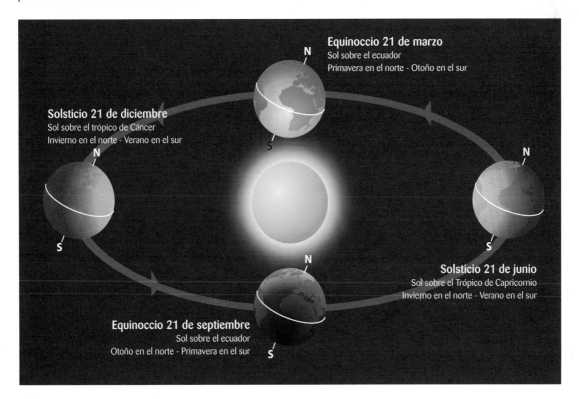

Equinoccio 21 de marzo
Sol sobre el ecuador
Primavera en el norte - Otoño en el sur

Solsticio 21 de diciembre
Sol sobre el trópico de Cáncer
Invierno en el norte - Verano en el sur

Solsticio 21 de junio
Sol sobre el Trópico de Capricornio
Invierno en el norte - Verano en el sur

Equinoccio 21 de septiembre
Sol sobre el ecuador
Otoño en el norte - Primavera en el sur

cabezas, y justo a mediodía cruza el *meridiano*, una imaginaria línea curva que va de polo a polo y que marca el momento en el cual un astro llega al cenit. En seguida, pasado el meridiano, el Sol continúa su trayectoria en la bóveda para ocultarse bajo el horizonte al Oeste.

Las estaciones del año pueden anticiparse observando los puntos en el horizonte donde ocurre la salida y puesta del Sol. En los solsticios, el Sol aparece en el horizonte en los puntos más extremos, Norte o Sur. Los antiguos observadores construían diversas estructuras para determinar los alineamientos del Sol, la Luna y las estrellas con puntos de referencia en el ho-

rizonte y elaboraban así calendarios más o menos precisos. También era usual la fabricación de relojes de sol para deducir horas y fechas mediante la sombra producida por un objeto.

El rasgo más notable que puede observarse en el Sol son las denominadas *manchas solares*. El astrónomo y físico italiano Galileo Galilei, el primero en el siglo XVII en usar el telescopio en forma científica para auscultar los cielos, confirmó que había manchas oscuras en el disco solar, algo que se sospechaba puesto que ocasionalmente pueden observarse a simple vista, por supuesto cuando el Sol se encuentra a ras del horizonte. Existen registros chinos de hace

FOTOGRAFÍA FREDY MORENO, CEAF GIMNASIO CAMPESTRE

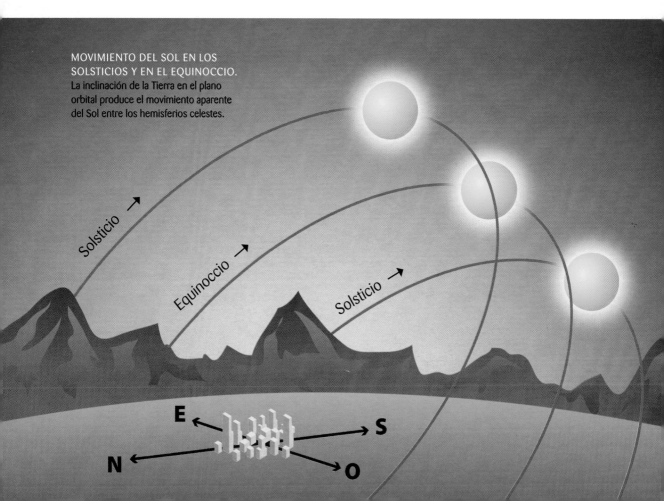

MOVIMIENTO DEL SOL EN LOS SOLSTICIOS Y EN EL EQUINOCCIO.
La inclinación de la Tierra en el plano orbital produce el movimiento aparente del Sol entre los hemisferios celestes.

Solsticio

Equinoccio

Solsticio

E

S

N

O

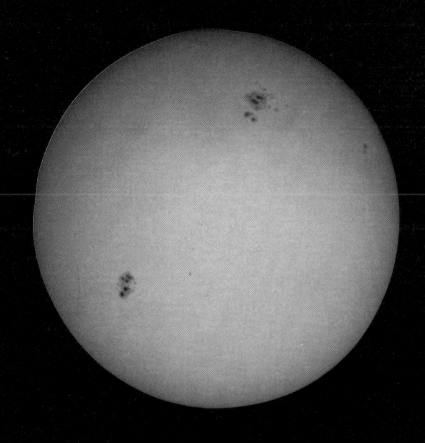

MANCHAS SOLARES. La observación del Sol,
sus manchas superficiales y las protuberancias,
exige el uso de filtros especiales.

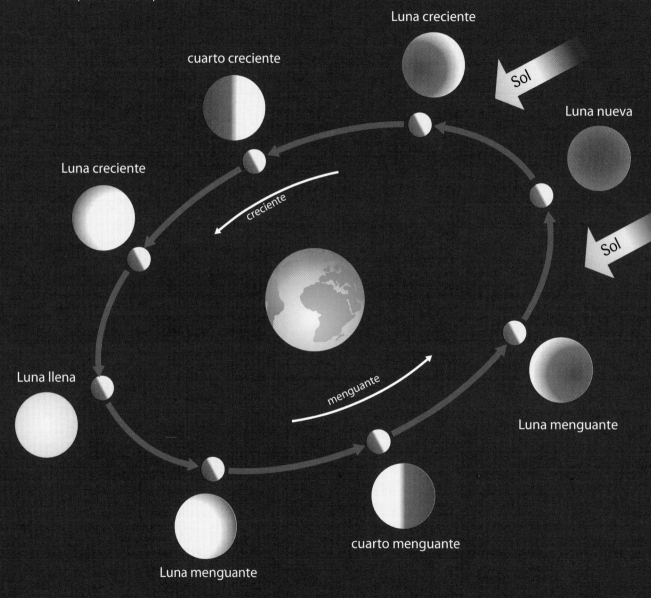

FASES DE LA LUNA. En su viaje alrededor de la tierra, la luna va cambiando la porción de su superficie iluminada por el sol.

Luna creciente

cuarto creciente

Luna nueva

Luna creciente

Sol

Sol

creciente

Luna llena

Luna menguante

menguante

Luna menguante

cuarto menguante

muchos siglos que mencionan el fenómeno. La verdadera naturaleza de estas manchas permaneció como un gran misterio durante siglos, pero ahora sabemos que son enormes tormentas magnéticas en la agitada superficie solar que reducen el flujo de energía hacia la superficie, por lo que son más frías y menos radiantes; por ello lucen más oscuras. Una mancha solar consta de una región oscura llamada la *umbra*, rodeada por una zona más clara, la *penumbra*.

Las manchas generalmente aparecen en grupos de dos o tres, y lucen más grandes y numerosas cuando se presenta un ciclo de alta actividad que sucede más o menos cada once años. Su observación con binoculares y telescopios es muy interesante, pero tiene un riesgo grande. La observación del Sol debe efectuarse con filtros especiales y técnicas muy precisas. Apenas una breve visión directa al disco solar sin ninguna protección puede causar lesiones severas en los ojos o ceguera permanente.

Nunca observe el Sol directamente sin protección y jamás con binoculares o telescopios, a menos que utilice los filtros adecuados. Si no tiene a su lado un experto o no está seguro de lo que hace, simplemente, por el momento, olvídese de mirar el Sol.

La Luna

La Luna es el satélite natural de la Tierra. Aunque es unas 400 veces más pequeña que el Sol, está 400 veces más cerca de nosotros. Por ello, el Sol y la Luna aparentan en el cielo el mismo tamaño. La Luna también gira sobre sí misma y además revoluciona alrededor de la Tierra y, al igual que el Sol y las estrellas, aparece en el Este y se oculta por el Oeste. Pero la fuerza de gravedad de la Tierra después de millones de años ha frenado el giro de la Luna hasta sincronizarlo con la revolución de su órbita. Así, la Luna da un giro sobre sí misma en 27,32 días y una vuelta completa alrededor de la Tierra en los mismos 27,32 días. Por tanto la Luna siempre nos ofrece el mismo hemisferio, la llamada cara visible de la Luna.

Tal vez el mas obvio fenómeno de la Luna son sus *fases* ocasionadas por la posición de nuestro satélite respecto al Sol en su revolución alrededor de la Tierra:

Luna nueva. La Luna se encuentra entre el Sol y la Tierra en la misma región del cielo que el Sol. No la podemos ver puesto que la luz solar esta iluminando el hemisferio oculto. Tampoco podemos observar la cara no iluminada debido a que la Luna, al igual que los planetas, no tiene luz propia sino la reflejada por la luz solar.

LA LUNA. La observación de los cráteres y las manchas superficiales hacen de la Luna el objeto ideal para practicar la astronomía con instrumentos.

FOTOGRAFÍA ADOLFO ARANGO

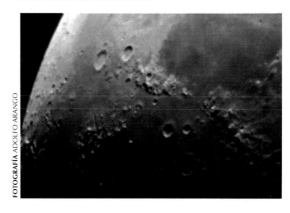

Luna creciente. La Luna se observa sobre el horizonte al poco tiempo de ocultarse el Sol, brillando una pequeña porción del hemisferio visible.

Cuarto creciente. Siete y medio días después de la Luna nueva la mitad de la cara visible se encuentra iluminada. Es la conocida *media Luna.*

Luna llena. Catorce y medio días después de Luna nueva, nuestro satélite natural se encuentra completamente opuesto al Sol y su cara visible se ilumina totalmente. Aparece sobre el horizonte al Este en el momento preciso en que el Sol está ocultandose en el Oeste.

Luna menguante. La Luna comienza a menguar su porción iluminada, pasa por la fase de *cuarto menguante* y completa el ciclo como Luna nueva.

La Luna es el único objeto celeste en el cual podemos observar detalles a simple vista, no sólo por su relativa proximidad sino porque carece de atmósfera. El rasgo más evidente son las marcas oscuras, y con los binoculares y telescopios se observan los numerosos cráteres, montañas, valles y muchos otros rasgos de su intrincada superficie. Los cráteres de la Luna son el testimonio de la violencia meteórica que se produjo durante la infancia del sistema solar, y las áreas oscuras o *maria*, el vestigio de antiguos flujos de lava. Definitivamente, la observación de la Luna con instrumentos es fascinante, especialmente en sus fases creciente o menguante cuando los rayos inclinados del Sol resaltan con las sombras su espectacular topografía.

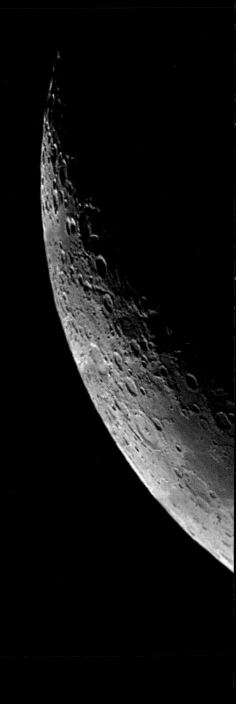

FOTOGRAFÍA DE GERMÁN PUERTA RESTREPO

FASE LUNAR. En esta imagen se observa la fase de Luna creciente dos días después de la Luna nueva.

La Luna. Gracias a su brillo, la Luna es el astro ideal para aprender el manejo del telescopio y la astrofotografía.

FOTOGRAFÍA YESID LÓPEZ

Reflejos. La luz solar reflejada por nuestro planeta ilumina la superficie de la Luna.

FOTOGRAFÍA ADOLFO LEÓN ARANGO MEJÍA, GRUPO ANTARES.

Los eclipses

Uno de los más grandiosos espectáculos celestes es un eclipse de Sol. Los mitos relativos a los eclipses abundan en todas las culturas. Ahora sabemos que los eclipses son consecuencia de la revolución de la Luna alrededor de la Tierra. Cuando la Tierra, la Luna y el Sol se encuentran precisamente alineados, la Luna a veces bloquea al Sol -*eclipse de Sol*- y en otras pasa por la sombra de la Tierra -*eclipse de Luna*-.

En el denominado *eclipse total,* la Luna cubre completamente al Sol y durante algunas horas un cono de oscuridad recorre una estrecha franja de nuestro planeta. Esto sucede cuando la Luna se sitúa en el punto orbital más cercano a nosotros. También puede producirse un *eclipse anular* si la Luna se encuentra a mayor distancia de la Tierra y no alcanza a cubrir completamente al Sol, siendo visible del disco solar un anillo de luz. Y cuando la Luna sólo coincide con una parte del Sol, se produce un *eclipse parcial.*

Son muy variados los fenómenos que se observan en los eclipses solares, a simple vista, con binoculares y con telescopios. Por ejemplo, la corona solar –la atmósfera exterior del Sol-, pero su observación tiene enormes riesgos y exige tomar las mismas precauciones antes anotadas. **Alerta máxima en presencia de niños cuando se observa el Sol.** Vigilar a los niños y nunca descuidar los instrumentos.

En los eclipses totales de Luna, ésta entra en la sombra de la Tierra justo cuando se encuentra en su fase de Luna llena, produciendo maravillosos efectos que tienen la ventaja de

Eclipse parcial
La observación y fotografía de las fases
parciales de un eclipse de sol exige el uso
de métodos especiales.

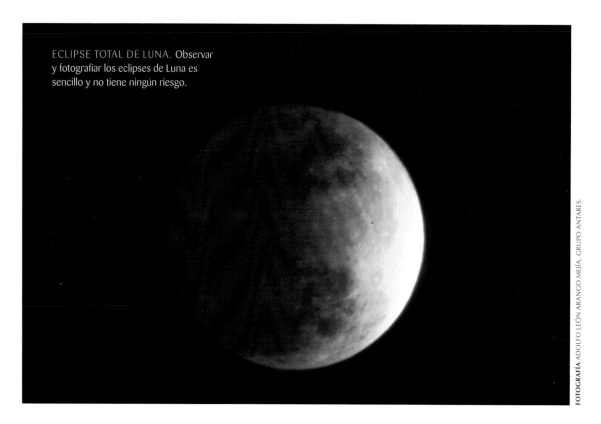

ECLIPSE TOTAL DE LUNA. Observar y fotografiar los eclipses de Luna es sencillo y no tiene ningún riesgo.

FOTOGRAFÍA ADOLFO LEÓN ARANGO MEJÍA, GRUPO ANTARES.

poder observarse sin ningún riesgo a simple vista o con instrumentos.

El primer contacto de la Luna con las sombras de la Tierra se denomina *penumbra*, momento en el cual lentamente nuestro satélite toma un color ceniciento. En seguida, la luna entra en el cono de oscuridad terrestre, -conocido como *umbra*- y se produce un espectacular cambio de colores en la superficie lunar, con mucha frecuencia con el color rojo dominante, y en ocasiones con tonos verdes, azules y amarillos. Con instrumentos ópticos, el juego de luces y sombras avanzando sobre las manchas lunares y los cráteres es impresionante.

Para completar el catálogo de los eclipses debe mencionarse el fenómeno de las *ocultaciones*: ocasionalmente la Luna pasa delante de una estrella brillante, un planeta, o un asteroide, un simple efecto de perspectiva que es bastante interesante de observar con los binoculares y los telescopios. Las ocultaciones más curiosas son aquellas que ocurren cuando el astro aparece o desaparece detrás del borde oscuro de la Luna en la fase creciente o menguante. Cuando se trata de un brillante planeta el fenómeno es más espectacular, y si apenas roza el borde lunar puede incluso apreciarse cómo se enciende y se apaga cuando pasa entre las montañas.

Las constelaciones

En la bóveda celeste, con las estrellas aparentemente vecinas puede diseñarse una figura denominada *constelación*. De esta forma los antiguos observadores del cielo imaginaron agrupar las estrellas en figuras más o menos arbitrarias bautizándolas con nombres de animales, deidades asociadas a las leyendas, y nombres que varían según los tiempos, países y culturas.

Actualmente la bóveda celeste se distribuye en 88 constelaciones, pero la iniciación en la observación apenas requiere identificar las más notorias (*Ursa Major, Cassiopeia, Pegasus,* *Orion, Canis Major, Taurus, Scorpius, Crux*), y las estrellas más brillantes (*Sirius, Canopus,* α *Centauri, Arcturus, Vega, Capella, Rigel, Procyon, Achernar, Agena, Altair, Betelgeuse, Aldebaran* y *Polaris*). La mejor forma de identificar estrellas y constelaciones es utilizando mapas y cartas celestes, los cuales se convertirán en herramientas permanentes del navegante espacial. No hay duda: los mapas del cielo son obligatorios para la exploración del firmamento.

CONSTELACIONES. Pegaso, el caballo alado, es una constelación clásica, un ejemplo de la variedad de mitos y leyendas que adorna el cielo nocturno.

Las 88 constelaciones

	Nombre astronómico	Genitivo	Nombre común
A	Andromeda	Andromedae	La dama encadenada
	Antlia	Antliae	La bomba de aire
	Apus	Apodis	Ave del paraíso
	Aquarius	Aquarii	El aguador
	Aquila	Aquilae	Aguila
	Ara	Arae	El altar
	Aries	Arietis	El carnero
	Auriga	Aurigae	Cochero
B	Boötes	Boötis	El pastor
C	Caelum	Caeli	El cincel
	Camelopardalis	Camelopardalis	La jirafa
	Cancer	Cancri	Cangrejo
	Canes Venatici	Canum Venaticorum	Los perros de caza
	Canis Major	Canis Majoris	Can mayor
	Canis Minor	Canis Minoris	Can menor
	Capricornus	Capricorni	El pez cabra
	Carina	Carinae	La quilla
	Cassiopeia	Cassiopeiae	Casiopea
	Centaurus	Centauri	Centauro
	Cepheus	Cephei	Cefeo
	Cetus	Ceti	La ballena
	Chamaeleon	Chamaeleonis	El camaleón
	Circinus	Circini	El compás
	Columba	Columbae	La paloma
	Coma Berenices	Coma Berenicis	La cabellera de Berenice
	Corona Australis	Coronae Australis	Corona austral
	Corona Borealis	Coronae Borealis	Corona boreal
	Corvus	Corvi	El cuervo
	Crater	Crateris	La taza
	Crux	Crucis	La cruz del sur
	Cygnus	Cygni	El cisne
D	Delphinus	Delphini	El delfín
	Dorado	Doradus	Pez dorado
	Draco	Draconis	Dragón
E	Equuleus	Equulei	El caballo menor
	Eridanus	Eridani	El río Eridano
F	Fornax	Fornacis	El horno
G	Gemini	Geminorum	Los gemelos
	Grus	Gruis	La grulla
H	Hercules	Herculis	Hércules
	Horologium	Horologii	El reloj
	Hydra	Hydrae	El monstruo marino
	Hydrus	Hydri	La serpiente de mar
I	Indus	Indi	El indio

	Nombre astronómico	Genitivo	Nombre común
L	Lacerta	*Lacertae*	El lagarto
	Leo	*Leonis*	El león
	Leo Minor	*Leonis Minoris*	El león menor
	Lepus	*Leporis*	La liebre
	Libra	*Librae*	La balanza
	Lupus	*Lupu*	El lobo
	Lynx	*Lyncis*	El lince
	Lyra	*Lyrae*	La lira
M	Mensa	*Mensae*	La mesa
	Microscopium	*Microscopii*	El microscopio
	Monoceros	*Monocerotis*	El unicornio
	Musca	*Muscae*	La mosca
	Norma	*Normae*	La escuadra
	Octans	*Octantis*	El octante
	Ophiuchus	*Ophiuchi*	El portador de la serpiente
	Orion	*Orionis*	El cazador Orión
P	Pavo	*Pavonis*	El pavo real
	Pegasus	*Pegasi*	Pegaso
	Perseus	*Persei*	Perseo
	Phoenix	*Phoenicis*	El Ave Fénix
	Pictor	*Pictoris*	El caballete
	Pisces	*Piscium*	Los peces
	Piscis Austrinus	*Piscis Austrini*	El pez austral
	Puppis	*Puppis*	La popa
	Pyxis	*Pyxidis*	La brújula
R	Reticulum	*Reticuli*	El retículo
S	Sagitta	*Sagittae*	La flecha
	Sagittarius	*Sagittarii*	El arquero
	Scorpius	*Scorpii*	Escorpión
	Sculptor	*Sculptoris*	El escultor
	Scutum	*Scuti*	El escudo
	Serpens	*Serpentis*	La serpiente
	Sextans	*Sextantis*	El sextante
T	Taurus	*Tauri*	El toro
	Telescopium	*Telescopii*	El telescopio
	Triangulum	*Trianguli*	Triángulo
	Triangulum Australe	*Trianguli Australis*	Triángulo austral
	Tucana	*Tucanae*	El tucán
U	Ursa Major	*Ursae Majoris*	Osa mayor
	Ursa Minor	*Ursae Minoris*	Osa menor
V	Vela	*Velorum*	La vela
	Virgo	*Virginis*	La doncella
	Volans	*Volantis*	El pez volador
	Vulpecula	*Vulpeculae*	La zorra

Luego de varias noches de observación, el cielo rápidamente se volverá familiar a nuestra vista, y estrellas y constelaciones se convertirán en maravillas que reconoceremos por sus nombres y posiciones. También notaremos que no siempre están a nuestra vista, pues hay algunos meses en los que no son visibles. Esto se debe a la revolución de la Tierra alrededor del Sol; por esto cada época del año tiene sus propias constelaciones a la vista. Así, se acostumbra a hablar de las constelaciones de verano, las estrellas de invierno, etcétera.

Especial importancia tienen las llamadas *constelaciones zodiacales*. El *Zodiaco* es una zona o franja celeste dentro de la cual transitan el Sol, la Luna y los planetas. Tiene unos 17 ° de ancho y contiene las constelaciones recorridas por el Sol en su marcha anual aparente. Algunas de estas constelaciones les sugirieron a los antiguos astrónomos formas de animales como ocurre con *Aries, Taurus, Cancer, Leo, Scorpius, Capricornus* y *Pisces*; y otras evocan figuras míticas o simbólicas, *como Gemini, Libra, Virgo, Ophiuchus, Sagittarius* y *Aquarius*.

Los planetas

Si observamos las estrellas durante varias noches, rápidamente notaremos unos astros muy parecidos a aquellas, que se mueven entre las constelaciones. Estos son los *planetas*, palabra que proviene del vocablo griego *planete* que significa "errante". Los planetas visibles tienen nombres de dioses romanos: Mercurio y Venus están más cerca del Sol que la Tierra. Los más lejanos o exteriores son; Marte, Júpiter y Saturno.

A ellos se han agregado en tiempos más modernos, Urano y Neptuno. Plutón actualmente se clasifica como "planeta enano" junto con otros todavía más lejanos, recientemente descubiertos, y que aún esperan la confirmación de sus nombres.

Los planetas a simple vista no titilan como las estrellas, puesto que no tienen luz propia sino la reflejada por el Sol; y se mueven en trayectorias más o menos complejas a lo largo de la bóveda celeste cambiando su brillo y apariencia. Cada planeta tiene su movimiento orbital propio. Mercurio y Venus siempre se observarán vecinos al Sol. Venus es el planeta más cercano a la Tierra y el tercer objeto en brillo del cielo luego, del Sol y la Luna. Por su apariencia se ha ganado el nombre de *Estrella de la Mañana* o *Estrella de la Tarde*. Observando a lo largo del año a Mercurio y Venus con los telescopios, se perciben fases parecidas a las de la Luna, además de un notable cambio en el brillo y el diámetro aparente de sus discos. Este fenómeno, observado por vez primera por Galileo, fue en su tiempo la prueba de que la Tierra y los planetas giraban alrededor del Sol.

En raras ocasiones, vistos desde la Tierra, Mercurio y Venus cruzan frente al disco solar. -Este evento se denomina *tránsito*, y durante algunas horas se observa, especialmente con binoculares y telescopios, el diminuto y oscuro disco de estos planetas orbitando el Sol. Este registro exige las mismas precauciones de la observación de las manchas solares en cuanto a la utilización de filtros especiales o su registro indirecto.

FOTOGRAFÍA RAÚL ANDRÉS JOYA OLARTE

VENUS. La densa atmosfera de Venus impide observar detalles de la superficie. En cambio con los telescopios son notables las fases creciente y menguante de su brillante disco.

Los planetas exteriores también tienen movimientos característicos; uno de los movimientos que más intrigó a la humanidad durante milenios fue el *retrógrado*. En realidad, éste es un retroceso aparente del planeta en perspectiva contra las estrellas del fondo, justo cuando la Tierra y alguno de los planetas exteriores se encuentran próximos durante la fase que se llama *oposición*. Este es el mejor momento para apreciar con instrumentos a los planetas exteriores.

A simple vista es notable el rojizo color de Marte, fenómeno que desde épocas remotas im-

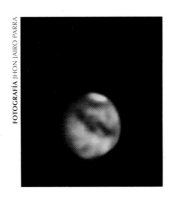

FOTOGRAFÍA JHON JAIRO PARRA

MARTE. En las ocasiones más favorables y con excelentes condiciones de observación, con telescopio medianos se perciben los rasgos más notorios de la superficie de Marte: los casquetes polares y las manchas oscuras.

pulsó las diversas fantasías sobre su influencia en los asuntos de la guerra. El planeta Marte es el único que nos revela detalles de su superficie con los telescopios, especialmente durante las fases de oposición, aproximadamente cada dos años, cuando Marte y la Tierra se encuentran vecinos en el espacio.

Con telescopios medianos, el primer rasgo que se distingue en la superficie de Marte, y el más notorio, son las capas polares. Durante las oposiciones favorables, los observadores, en buenas condiciones atmosféricas pueden registrar además las marcas oscuras y claras en la superficie. Los grandes rasgos, "mares", "desiertos" y "tierras", nominados por los primeros observadores del siglo XVIII, son apenas variaciones en la reflectividad del suelo marciano, y poco tienen que ver con la real topografía del planeta. Las mejores vistas telescópicas de Marte pueden equipararse con la observación de la Luna a simple vista.

Datos sobre los planetas

Marte
Diámetro: 6.792 km

Tierra
Diámetro: 12.756 km

Venus
Diámetro: 12.104 km

Júpiter
Diámetro: 142.980 km

Mercurio
Diámetro: 4.879 km

	Mercurio	Venus	Tierra
Distancia media al Sol (millones de km)	58	108	150
Masa (Tierra=1)	0,055	0,815	1
Periodo de revolución anual	88 días	225 días	365.2 días
Distancia mínima a la Tierra (millones de km)	80	41	-
Satélites conocidos 0	0	1	2

Saturno
Diámetro: 120.540 km

Urano
Diámetro: 51.120 km

Neptuno
Diámetro: 49.530 km

Marte	Júpiter	Saturno	Urano	Neptuno
228	778	1427	2870	4497
0,107	317,8	95,16	14,5	17,14
687 días	11.9 años	29.5 años	84 años	165 años
56	590	1.200	2.600	4.350
62	60	27	13	

INFOGRAFÍA MARTHA ISABEL GÓMEZ FOTOGRAFÍAS FACILITADAS POR EL AUTOR

FOTOGRAFÍA ANDRÉS FERNANDO ARBOLEDA

JÚPITER. Con todos los telescopios se pueden observar las líneas oscuras de la atmósfera de Júpiter y las cuatro lunas mayores.

Júpiter es enorme, con mayor masa que todos los demás planetas juntos, a pesar de estar compuesto sobre todo de gases de hidrógeno y helio. Por ello, también se acostumbra hablar de *planetas rocosos* y *planetas gaseosos*. Júpiter es una magnífica visión al telescopio. Aunque con los binoculares de 7 ó más aumentos pueden percibirse sus cuatro lunas mayores –Io, Europa, Callisto, Ganímedes–, en realidad la visión en casi cualquier telescopio es espléndida, comenzando por las nubes como bandas oscuras y claras que cruzan el brillante disco planetario. Con

FOTOGRAFÍA NICOLÁS BEJARANO Y DIANA ROJAS

SATURNO. La extraordinaria visión de los anillos de Saturno puede lograrse con casi cualquier telescopio. En esta imagen se percibe la División de Cassini.

telescopios medianos y excelentes condiciones atmosféricas puede percibirse la denominada Gran Mancha Roja, una enorme tormenta huracanada que circula por la superficie del planeta desde hace siglos.

Júpiter tiene numerosas lunas, pero sólo las cuatro mayores son visibles desde la Tierra con los telescopios de los aficionados. Es fácil registrar el movimiento de las lunas alrededor del planeta, incluso en unas cuantas horas como sucede con Io, desapareciendo y reapareciendo alrededor del disco planetario. También es posible observar los tránsitos de las lunas sobre el planeta, verdaderos eclipses que se destacan por los nítidos puntos negros sobre la atmósfera de Júpiter.

Tal vez la más popular de las visones celestes la ostenta Saturno, el planeta de los anillos. Efectivamente, aunque los cuatro planetas gaseo-

DESFILE CELESTE. Desde la izquierda, Júpiter, las Pleiades, Marte y Aldebaran de Taurus.

sos gigantes tienen anillos, solo los de Saturno son visibles desde la Tierra con los telescopios, y con cualquier aparato su visión producirá exclamaciones de admiración en todos los observadores. Los anillos son posiblemente restos de lunas o cometas destruidos por las mareas gravitacionales del planeta, o material que no llegó a cohesionarse cuando el planeta se formaba. Con telescopios de buena calidad óptica y aumento mediano se puede distinguir la *División de Cassini*, una fina línea oscura que separa dos zonas de los anillos.

Saturno está inclinado 27° respecto al plano orbital, así que en su viaje de 30 años alrededor del Sol el planeta y sus anillos van cambiando de perspectiva, y en ocasiones, cuando están de perfil, los anillos no se observan. La mayor luna de Saturno es Titán, visible con binoculares; al menos otras cinco lunas son detectables con telescopios de diversa clase.

Los planetas más lejanos, Urano y Neptuno, pueden percibirse, con telescopios medianos, brillando con un tinte azul-verdoso el primero, y azul el segundo. Cartas celestes mensuales que aparecen en revistas o en la Internet muestran la localización exacta de los planetas, asteroides y cometas para su observación a simple vista o con binoculares y telescopios.

También son muy frecuentes las *conjunciones*, la posición aparente de dos o más astros vecinos en la bóveda. Son un bonito espectáculo a simple vista o con instrumentos, especialmente las conjunciones de los planetas con la Luna o con las estrellas más brillantes.

Cometas, asteroides y meteoritos

Los *cometas* están hechos del material de la nebulosa que dio origen al sistema solar, principal-

CONJUNCIÓN. De abajo hacia arriba, Mercurio, Venus, Marte y Saturno, una conjunción de planetas.

mente hielo, rocas, polvo y gases. Son algo así como los recuerdos fósiles de nuestra historia lejana, flotando muy lejos, incluso en lugares que tal vez llegan hasta medio camino de las estrellas vecinas. Algunos cometas tienen períodos orbitales muy cortos, y otros, como el famoso cometa Halley, tienen períodos de decenas de años; y hay muchos con órbitas de tal tamaño que apenas se aproximan al Sol y a la Tierra una vez en miles o aun millones de años. Anualmente son visibles entre seis y ocho cometas con binoculares o telescopios con poco aumento. Además, en cualquier momento puede aparecer un cometa nunca antes visto.

La observación de un cometa es maravillosa porque cuando se aproxima al Sol la radiación y el viento solar hacen que los gases del núcleo se evaporen formándose la característica cola que apunta siempre en dirección contraria al Sol. De allí proviene su nombre, del griego *kometes*, "cabello largo", y del latín *coma*, "cabellera". Esta vaporización también arroja parte del polvo atrapado en el hielo dando lugar por tanto a una cola de polvo. En verdad es gran-

COMETA. Los cometas cuando se acercan al Sol desarrollan sus colas de gases y polvo como se observa en esta imagen del cometa Hale-Bopp.

dioso el espectáculo si se trata de un cometa de tamaño importante y su trayectoria cruza la vecindad de nuestro planeta.

Asociado a los cometas está la maravillosa visión de las *estrellas fugaces* y las *lluvias de estrellas*. Algunas noches observando el firmamento a simple vista, podemos distinguir durante unos pocos segundos el veloz tránsito de una "estrella fugaz"; en realidad este evento no es más que un pequeño fragmento de roca o metal -la mayoría pesa apenas algunos gramos- vagabundo en el espacio exterior que es atraído por la gravedad de nuestro planeta y que entra en incandescencia al ingresar en la atmósfera a enormes velocidades, desintegrándose completamente a grandes alturas. Algunos de cierto tamaño parecen una gran "bola de fuego" y se

ESTRELLAS FUGACES. La fotografía con exposición abierta permite capturar el trazo de las estrellas y de los meteoritos más brillantes.

FOTOGRAFÍA ADOLFO LEÓN ARANGO MEJÍA. GRUPO ANTARES

conocen como *bólidos*. Los de mayor tamaño pueden ocasionalmente impactar la superficie terrestre y se denominan *meteoritos*.

En algunas épocas del año, este fenómeno es más frecuente, precisamente cuando la Tierra cruza la órbita de un cometa. Los cometas en su tránsito periódico alrededor del Sol despiden un continuo rastro de material y cada vez que nuestro planeta atraviesa estas zonas se produce lo que popularmente se conoce como "lluvia de estrellas". Esto significa que la Tierra interseca la órbita de estos cometas en las mismas fechas cada año.

Son numerosas las lluvias de estrellas que se presentan a lo largo del año; las más conocidas son las *Perseidas,* denominadas así porque el radiante de meteoritos pareciera provenir de un punto del firmamento localizado en la constelación *Perseus*. Se observan del 10 al 15 de agosto de cada año y normalmente, con excelentes condiciones de visibilidad, pueden contarse en su máximo de actividad entre 80 y 100 meteoritos en una hora, y es uno de los más fascinantes espectáculos.

También, en raras ocasiones, una lluvia de estrellas puede alcanzar una fenomenal intensidad hasta contar cientos o quizá miles de meteoritos en una hora. Esto ocurre cuando la Tierra precisamente cruza el denso y delgado filamento central de la trayectoria del cometa responsable, generándose una verdadera "tormenta de meteoritos", tal vez uno de los más impresionantes espectáculos que nos ofrece el firmamento.

Las estrellas fugaces son una maravilla. Se pueden apreciar colores, a veces se parten o explotan, dejan estelas que duran varios minutos, e incluso producen sonido, y tienen la ventaja de que se observan mejor a simple vista. Sin embargo, la observación de cometas, asteroides, estrellas fugaces y lluvias de estrellas exige escoger un buen punto de atención, en lo posible fuera de las ciudades y lejos de toda luz artificial y, por supuesto, con cielo despejado. Lo ideal es un campo abierto sin interferencia de árboles o edificios.

Las estrellas

A simple vista podemos observar unas 3.000 estrellas, decenas de miles con los binoculares, y con un telescopio millones; pero éstas son apenas una pequeña fracción de las que componen nuestra galaxia, un enorme conjunto denominado *Vía Láctea* que se estima contiene unas 250 mil millones de estrellas, y nuestro propio Sol es apenas una más, con la Tierra y los demás planetas girando a su alrededor.

A simple vista o con instrumentos es fácil percibir que las estrellas tienen brillo y color diferentes. ¿Qué son las estrellas? El cielo era tan misterioso para nuestros más remotos antepasados que apenas pudieron pensar en que era la morada de los dioses, o en aberturas en la bóveda por las que se percibía el fuego celeste, o sencillamente que

Lluvias de estrellas

ENERO 3
Quadrántidas
[120]

ABRIL 21 Y 22
Lyridas
[20]

MAYO 4 Y 5
Aquáridas
[60]

JUNIO 7 AL 9   JUNIO 27
Arietidas   Boötidas
[60]   [30]

JULIO 27 AL 30
Delta Aquáridas
[20]

AGOSTO 10 AL 15
Perseidas
[100]

OCTUBRE 19 AL 23
Oriónidas
[25]

NOVIEMBRE 3 AL 6   NOVIEMBRE 16 AL 18
Táuridas   Leónidas
[15]   [20]

DICIEMBRE 13 Y 14   DICIEMBRE 22 Y 23
Gemínidas   Ursidas
[120]   [15]

[*] Meteoritos/hora

FOTOGRAFÍA ANDRÉS FERNANDO ARBOLEDA

ESTRELLAS DE COLORES. Las fotografías de larga exposición revelan las estrellas con sus diversos colores, como en esta imagen de las constelaciones girando alrededor del Polo Norte Celeste.

las estrellas eran luces colgando del firmamento por algún motivo inexplicable.

Ahora sabemos que su naturaleza es algo diferente pero no menos extraordinaria. Las estrellas nacen por la condensación de nubes de gases y polvo en el espacio hasta convertirse en enormes esferas, compuestas principalmente de hidrógeno y helio, en cuyo interior se producen gigantescas reacciones termonucleares que durante millones de años liberan en el espacio energía y luz.

Los nombres de las estrellas

Las estrellas más brillantes se han conocido con nombres propios desde tiempos remotos, y muchos de ellos sobreviven, especialmente nombres griegos y sobre todo árabes. Uno de los primeros catálogos de estrellas se le atribuye al astrónomo griego Hiparco, copiado luego por el astrónomo y matemático Claudio Ptolomeo en el siglo II, y traducido al árabe 700 años después, luego del colapso de la civilización grecorromana.

En el año 1420, el célebre astrónomo mongol Ulugh Beg hizo un catálogo de 1.018 estrellas. En 1603, el abogado y astrónomo bávaro Johann Bayer publicó su *Uranometría*, un atlas del cielo con un novedoso sistema de clasificación. Respetando los nombres que la tradición les daba a las estrellas más brillantes, Bayer asignó una letra griega a cada una de acuerdo con su brillo. Así, la estrella más brillante de cada constelación se denominó Alfa (α), la segunda en brillo, Beta (β), etcétera, junto al nombre en latín de la constelación a la que pertenecía. *Alfa (α) Centauri* es entonces la estrella más brillante de la constelación *Centaurus*, y *Beta (β) Orionis*, más conocida por su nombre árabe, *Rigel*, es la segunda en brillo en la constelación *Orion*.

Hoy usamos el sistema de Bayer para las estrellas más notables; pero hay tantas estrellas que en épocas

Alfabeto griego

α	alpha	ν	nu
β	beta	ξ	xi
γ	gamma	ο	omicron
δ	delta	π	pi
ε	epsilon	ρ	rho
ζ	zeta	σ	sigma
η	eta	τ	tau
θ	theta	υ	upsilon
ι	iota	φ	phi
κ	kappa	χ	chi
λ	lambda	ψ	psi
μ	mu	ω	omega

FOTOGRAFÍA ANDRÉS FERNANDO ARBOLEDA

ESTRELLAS. Las estrellas son más abundantes entre las constelaciones que se encuentran en o cerca de la Vía Láctea.

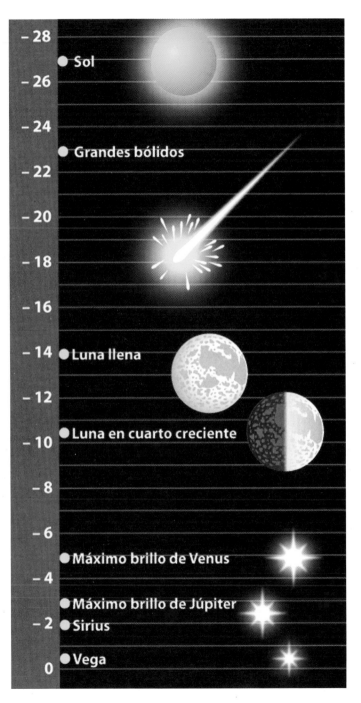

- 28
- 26 ● Sol
- 24
- 22 ● Grandes bólidos
- 20
- 18
- 16
- 14 ● Luna llena
- 12
- 10 ● Luna en cuarto creciente
- 8
- 6
  ● Máximo brillo de Venus
- 4
  ● Máximo brillo de Júpiter
- 2 ● Sirius
  ● Vega
  0

posteriores los astrónomos introdujeron números y códigos como *47 Tauri* en la constelación *Taurus* y otros más. Sin embargo estas cifras y nomenclaturas no deben preocupar al astrónomo principiante que sólo necesita inicialmente conocer una mínima fracción de los nombres de las estrellas, las más brillantes o especiales por alguna característica.

Las magnitudes

La palabra *magnitud* en la astronomía usualmente se refiere al brillo aparente de los objetos del cielo, concepto que también lo ideó Hiparco. Observando cuidadosamente las estrellas, llamó al grupo de las más brillantes "de primera magnitud", al segundo grupo en brillo las clasificó como "de segunda magnitud", hasta llegar a las estrellas apenas perceptibles por el ojo humano, las "de sexta magnitud". Este sistema se empleó durante catorce siglos hasta la invención del telescopio.

Galileo con el telescopio fue el primero en observar estrellas que nunca habían sido vistas y lógicamente las clasificó como de séptima magnitud; y en la medida que los telescopios se hicieron mayores y mejores, los astrónomos añadieron magnitudes en la base de la escala. Hoy, con unos sencillos binoculares, pueden captarse estrellas hasta de magnitud 9, un telescopio de aficionado encontrará estrellas de magnitud 12, y el Telescopio Espacial Hubble, hasta de magnitud 30.

Actualmente, la magnitud del brillo de las estrellas se determina con métodos muy precisos mediante fotómetros. Así, la clasificación moderna del brillo de los objetos del cielo aplica este sistema, comenzando por el más luminoso de todos, el Sol, con una magnitud aparente de -26,72 y la estrella más brillante, *Sirius*, con -1,46.

Los colores de las estrellas

A primera vista las estrellas nos lucen generalmente blancas, pero en realidad, al igual que los planetas, resplandecen en una variada gama de colores. Los binoculares y los telescopios nos revelan mejor este colorido que además se registra fácilmente en las fotografías del cielo nocturno.

Sólo con el desarrollo del análisis del espectro de la luz de los astros, a comienzos del siglo XIX, se estableció que las estrellas presentan composiciones químicas y temperaturas diversas que inciden en su color. Las más calientes son las azules, luego las blancas, amarillas y naranjas, hasta las más frías de color rojo. Basta examinar el resplandor de algunas estrellas con los binoculares y telescopios para comprender que la bóveda celeste es todo un espectáculo de brillo y color. El rojo y naranja en *Antares*, *Betelgeuse* y *Arcturus*; el azul en *Spica* y en *Agena*; el amarillo en *Capella*; y dos blancas típicas, *Deneb* y *Procyon*.

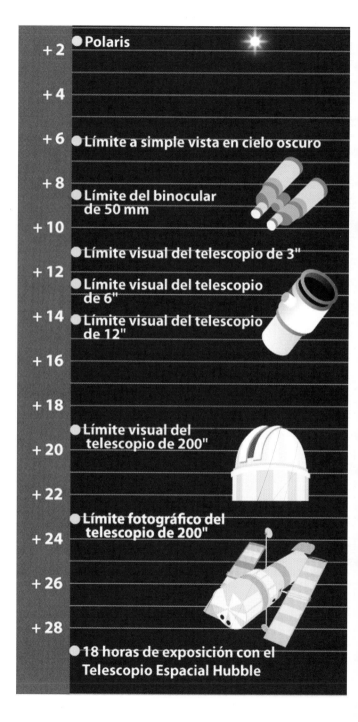

+2 ● Polaris

+4

+6 ● Límite a simple vista en cielo oscuro

+8 ● Límite del binocular de 50 mm

+10

+12 ● Límite visual del telescopio de 3"

+12 ● Límite visual del telescopio de 6"

+14 ● Límite visual del telescopio de 12"

+16

+18

+20 ● Límite visual del telescopio de 200"

+22

+24 ● Límite fotográfico del telescopio de 200"

+26

+28

● 18 horas de exposición con el Telescopio Espacial Hubble

Las 21 estrellas más brillantes

Nombre	Constelación	Magnitud aparente	Color
El Sol		-26,7	Amarillo
Sirius	*Canis Major*	-1,4	Azul-blanco
Canopus	*Carina*	0,7	Blanco
Rigel Kentaurus	*Centaurus*	0,0	Amarillo
Arcturus	*Boötes*	0,0	Naranja
Vega	*Lyra*	0,0	Azul-blanco
Capella	*Auriga*	0,1	Amarillo
Rigel	*Orion*	0,1	Azul
Procyon	*Canis Minor*	0,4	Blanco
Achernar	*Eridanus*	0,5	Azul
Betelgeuse	*Orion*	0,6	Rojo
Agena	*Centaurus*	0,6	Azul-blanco
Altair	*Aquila*	0,8	Blanco
Aldebaran	*Taurus*	0,9	Naranja
Acrux	*Crux*	0,9	Azul-blanco
Antares	*Scorpius*	1,0	Rojo
Spica	*Virgo*	1,0	Azul
Pollux	*Gemini*	1,1	Naranja
Fomalhaut	*Piscis Austrinus*	1,2	Blanco
Deneb	*Cygnus*	1,3	Blanco
Mimosa	*Crux*	1,3	Azul

Sin embargo, los instrumentos nos revelarán colores excepcionales en algunas estrellas, como el verde, y resplandores multicolores, especialmente cuando las estrellas se encuentran a poca altura sobre el horizonte y la atmósfera terrestre contribuye al espectáculo.

Estrellas dobles y múltiples

A simple vista podemos distinguir varias estrellas muy cercanas entre sí. Con binoculares y telescopios se revelan muchas más incluyendo sistemas múltiples de tres o más estrellas. Entre los pares de estrellas hay que destacar las *estrellas binarias*, verdaderos sistemas de estrellas atrapadas por su mutua gravedad. También es posible que visualmente observemos como vecinas a dos estrellas, en realidad muy alejadas una de la otra dada su posición respecto a nosotros. Este efecto de perspectiva les otorga a estas parejas el nombre de *estrellas dobles ópticas*.

Sin instrumentos son varios los pares de estrellas que pueden servir como prueba de la buena visión del observador. La pareja de *Mizar* y *Alcor* en *Ursa Major* y α *Capricorni* son un buen ejemplo.

Con los binoculares se multiplican las posibilidades como ε *Lyrae*, la "doble-doble" en la constelación *Lyra*: cada una de estas estrellas es a su vez una doble aunque para separarlas se necesita un telescopio con gran aumento. También es interesante observar el contraste de color en algunos pares como en la estrella *Albireo*, en la constelación *Cygnus*, una espléndida doble con la pareja más brillante amarilla y la más débil de tonalidad azul-verde.

Las estrellas variables

Ocasionalmente, una de las parejas de un sistema binario, por su posición respecto a la Tierra, orbita eclipsándonos a su compañera. En tales casos, el nivel combinado del brillo de estas estrellas decae por horas o días. Este tipo de estrellas se denomina *binarias eclipsantes* o *estrellas algólidas,* nominadas por su ejemplo más conocido, la estrella *Algol* o β *Persei* de la constelación *Perseus*, fenómeno fácilmente distinguible con los binoculares.

Ahora bien, entre la diversidad de familias de estrellas encontramos que algunas de ellas cambian de tamaño y brillo en ciclos regulares; en otros términos, algunas de las estrellas "pulsan" y la magnitud de su brillo aparente aumenta y decrece sucesivamente, en períodos de tiempo más o menos regulares. A este tipo de estrellas se les llama *estrellas variables*, comportamiento interesante de seguir con instrumentos.

Una de las más destacadas estrellas de esta clase es *Omicron Ceti,* en la constelación *Cetus*, con una magnitud que oscila de 3,4 hasta un mínimo de 9,3 en once meses. Tan extraordinario comportamiento hizo que el astrónomo Johannes Hevelius en el siglo XVII la llamara *Mira Stella* o Estrella Maravillosa. Las fluctuaciones también pueden producir un ciclo de transformaciones internas en la estrella que provocan la dilatación y contracción de su volumen con una regularidad asombrosa. Este es el caso de δ *Cephei,* en la constelación *Cepheus*, una estrella pulsante tan importante por su corto ciclo, apenas 5,4 días, que una entera categoría se llama *estrellas cefeidas* en su honor.

Estrellas Variables

Nombre	Constelación	Tipo	Diferencia en magnitudes		Período en días
η Carinae	*Carina*	variable	-0,8	7,9	Irregular
R Carinae	*Carina*	mírida	3,9	10,5	309
γ Cassiopeiae	*Cassiopeia*	variable	1,6	3,3	Irregular
δ Cephei	*Cepheus*	cefeida	3,3	4,4	5.4
μ Cephei	*Cepheus*	variable	3,4	5,1	730
o Ceti (*Mira*)	*Cetus*	mírida	1,7	10,1	332
χ Cygni	*Cygnus*	mírida	3,3	14,2	407
P Cygni	*Cygnus*	variable	3,0	6,0	Irregular
R Hydrae	*Hydra*	mírida	4,0	10,0	390
R Leonis	*Leo*	mírida	5,9	11,0	310
β Lyrae	*Lyra*	lírida	3,3	4,3	13
β Persei (*Algol*)	*Perseus*	algólida	2,2	3,4	2.9
L2 Puppis	*Puppis*	variable	2,6	6,2	140

Estrellas Dobles y múltiples

Nombre	Constelación	Magnitudes			
γ Andromedae	*Andromeda*	2,3	4,8		
ε Bootis (*Izar*)	*Boötes*	2,4	4,9		
α Canum Venaticorum	*Canes Venatici*	2,9	5,5		
α Capricorni	*Capricornus*	3,6	4,2		
α Centauri (*Rigel Kentaurus*)	*Centaurus*	0,0	1,2		
α Crucis (*Acrux*)	*Crux*	1,4	1,9		
γ Crucis	*Crux*	1,6	6,7		
β Cygni (*Albireo*)	*Cygnus*	3,1	5,1		
α Geminorum (*Castor*)	*Geminis*	1,9	1,6	2,9	
α Herculis (*Ras Algethi*)	*Hercules*	3,5	5,4		
γ Leonis (*Algieba*)	*Leo*	2,2	3,5		
α Librae (*Zuben El Genubi*)	*Libra*	2,8	5,2		
ε Lyrae	*Lyra*	4,7	5,0	5,1	5,2
ζ Orionis	*Orion*	1,9	4,0		
θ Orionis (*Trapezium*)	*Orion*	5,1	6,7	6,7	7,9
α Scorpii (*Antares*)	*Scorpius*	1,2	5,4		
β Scorpii	*Scorpius*	2,6	4,9		
υ Scorpii	*Scorpius*	3,0	4,0		
θ Tauri	*Taurus*	3,4	3,8		
ζ Ursae Majoris (*Mizar, Alcor*)	*Ursa Major*	2,3	4,0		
γ Virginis (*Porrima*)	*Virgo*	3,5	3,5		
γ Velorum	*Vela*	1,9	4,2		
δ Velorum	*Vela*	2,1	5,1		

Novas y supernovas

Las más espectaculares de todas las estrellas son las variables eruptivas que sufren enormes cambios en resplandor, más notablemente las *novas* y las *supernovas*. Una nova se enciende explosivamente y su luz aumenta temporalmente miles de veces. La estrella no es destruida en una explosión nova y algunas se han visto brillar más de una vez, es decir, son recurrentes en el tiempo. Las novas son con frecuencia avistadas por vez primera por astrónomos aficionados.

Aún más espectaculares que las novas normales son las supernovas, cataclismos celestes que se producen en el momento final de la vida de una estrella. Una supernova es una estrella que explota haciéndose trizas, brillando en el cielo con un resplandor similar al de millones de estrellas normales. Donde ocurre la supernova queda el material remanente esparcido a lo lejos en el espacio, como en la Nebulosa del Cangrejo en *Taurus*. Las supernovas visuales son más bien escasas; la última en nuestra galaxia fue vista en 1604, y otra se encendió hasta brillar a simple vista en la Gran Nube de Magallanes, en 1987.

Las nebulosas

Las *nebulosas* son nubes de gases y polvo, residuos de las explosiones de las estrellas novas y supernovas. Algunas nebulosas resplandecen brillantes mientras que otras son oscuras. El ejemplo más notable de una nebulosa brillante es la Gran Nebulosa de Orión, M42, impresionante con binoculares, excepcional con cualquier telescopio. En contraste, las nebulosas oscuras son visibles únicamente porque bloquean la luz de los objetos detrás de ellas. Una nebulosa oscura famosa es el Saco de Carbón en la constelación *Crux*, la Cruz del Sur, la cual oscurece parte del campo de estrellas en esa región de la Vía Láctea.

Otro tipo de nebulosas son las *nebulosas planetarias*, nubes esféricas de gases que han sido expulsadas por una estrella al final de su vida. Su nombre es engañoso puesto que las nebulosas planetarias nada tienen que ver con los planetas reales. Más bien, este nombre fue dado porque su apariencia a menudo parece el disco de un planeta tal como se observa a través de telescopios. El ejemplo típico es M57, la Nebulosa del Anillo en la constelación *Lyra*, visible con telescopios medianos.

Los cúmulos de estrellas

Muchas veces las estrellas están en grupos formando cúmulos, de los cuales hay dos tipos principales: *abiertos* y *globulares*. Los cúmulos abiertos son de forma irregular, y contienen nada más que unas miles de estrellas relativamente jóvenes. Ejemplos destacados son los cúmulos de las *Pleiades* en *Taurus* y el Cúmulo Mariposa en *Scorpius*, notables a simple vista, espectaculares con instrumentos.

Los *cúmulos globulares* son densos, de forma redonda y con centenares de miles de estrellas, muchas de ellas muy viejas. Por lo general se encuentran mucho más distantes que los cúmulos abiertos, lucen más pequeños y son más difíciles de resolver en sus estrellas individuales. Ejemplos famosos son *Omega Centauri*

Nebulosas

Nombre	Constelación	Magnitud	Tipo
NGC 7293 Nebulosa Helix	*Aquarius*	6,5	Planetaria
NGC 3242 Fantasma de Júpiter	*Hydra*	8,6	Planetaria
M 27 La Nebulosa Dumbbell	*Vulpecula*	7,6	Planetaria
El Saco de Carbón	*Crux*	-	Oscura
NGC 3372 El Ojo de la Cerradura	*Carina*	6,0	Emisión
NGC 7000 Nebulosa de Norteamérica	*Cygnus*	6,0	Emisión
NGC 2070 Nebulosa Tarántula	*Dorado*	5,0	Emisión
M 42 La Gran Nebulosa de Orión	*Orion*	5,0	Emisión
M 8 Nebulosa de La Laguna	*Sagittarius*	5,0	Emisión
M 17 Nebulosa Omega	*Sagittarius*	6,9	Emisión
M 20 Nebulosa Trífida	*Sagittarius*	7,0	Emisión
NGC 6611 Nebulosa del Aguila	*Serpens*	-	Emisión

LA NEBULOSA DE ORIÓN. Esta es la mas popular de las nebulosas, espectacular con cualquier instrumento. Su vecindario esta repleto de estrellas múltiples y nebulosas.

Cúmulos de estrellas

Constelación	Nombre	Magnitud	Tipo
Aquarius	M 2	6,5	Globular
Ara	NGC 6397 Arae	5,6	Globular
Cancer	M44 (*La Colmena*)	3,1	Abierto
Canes Venatici	M 3	6,4	Globular
Canis Major	M 41	4,5	Abierto
	NGC 2362	4,1	Abierto
Carina	NGC 2516 Carinae	3,8	Abierto
	NGC 3114 Carinae	4,2	Abierto
	NGC 3532 Carinae	3,0	Abierto
	NGC IC 2602 Carinae	1,9	Abierto
	NGC IC 2581 Carinae	4,3	Abierto
	NGC 2808 Carinae	6,3	Globular
Centaurus	Omega Centauri	3,6	Globular
	NGC IC 2944 Centauri	4,5	Abierto
Cepheus	NGC IC 1396 Cephei	3,5	Abierto
Coma Berenices	Melotte 111	4,0	Abierto
Crux	NGC 4755 Crucis (*El Joyero*)	4,2	Abierto
Cygnus	M 39	4,6	Abierto
Gemini	M 35	5,1	Abierto
Hercules	M 13 (*Racimo de Hércules*)	5,9	Globular
Monoceros	NGC 2244 Monocerotis	4,8	Abierto
Orion	NGC 1981 Orionis	4,6	Abierto
Ophiuchus	NGC 6633 Ophiuchi	4,6	Abierto
	NGC IC 4665 Ophiuchi	4,2	Abierto
Pegasus	NGC 7078 Pegasi	6,3	Globular
	M 15	6,3	Globular
Perseus	NGC 869 Persei	4,3	Abierto
	NGC 884 Persei	4,4	Abierto
Puppis	M 47	4,4	Abierto
	NGC 2451 Puppis	2,8	Abierto
Sagittarius	NGC 6530 Sagittarii	4,6	Abierto
	M 22	5,1	Globular
	M 25	4,6	Abierto
Scutum	M 11 (*El Pato Salvaje*)	5,7	Abierto
Scorpius	NGC 6231 Scorpii	2,6	Abierto
	M 6 (*Cúmulo Mariposa*)	4,2	Abierto
	M 7	3,3	Abierto
Taurus	Hyades	1,0	Abierto
	M 45 (*Pleiades*)	1,2	Abierto
Tucana	NGC 104 (47 Tucanae)	4,0	Globular
Vela	NGC 2547 Velorum	4,7	Abierto
	NGC IC 2391 Velorum	2,5	Abierto
	NGC IC 2395 Velorum	4,6	Abierto

en *Centaurus*, *47 Tucanae* en *Tucana* y M13 en *Hercules*, notorios a simple vista, sensacionales con binoculares y telescopios.

La Vía Láctea

Todas las estrellas que vemos a simple vista forman parte de un enorme sistema de al menos 250 mil millones de estrellas conocido como *Vía Láctea*, nuestra galaxia. Las estrellas más cercanas a nosotros en la Vía Láctea están esparcidas más o menos de manera aleatoria a través del cielo y le dan forma a las constelaciones. Las más distantes y aún visibles se aglomeran en una fina banda luminosa que cruza el firmamento y que es observable a simple vista en las noches despejadas. De hecho, el nombre galaxia proviene del griego *gala* o "leche" y en la antigua Roma la llamaron *via lactea* o "camino de leche".

La Vía Láctea es una galaxia del tipo espiral, con la mayoría de las estrellas y nebulosas concentradas en los brazos que sobresalen del núcleo central. El centro de nuestra galaxia se encuentra en dirección de la constelación *Sagittarius*, una región en la cual los campos de estrellas de la Vía Láctea son particularmente densos.

El cielo en la Vía Láctea o en vecindades de ella es más rico en estrellas, cúmulos y nebulosas que el resto del firmamento. De las 20 estrellas de primera magnitud, 16 están en o cerca de la Vía Láctea. Además, la Vía Láctea en el hemisferio Sur es más rica en objetos astronómicos que en el Norte. A lo largo de la Vía Láctea pueden apreciarse, especialmente con binoculares, las extensas regiones oscuras de polvo que nos opacan las estrellas del fondo. La Vía Láctea a simple vista o con binoculares es todo un delei-

NEBULOSA DEL CANGREJO. Este es el remanente de una estrella que fue vista explotar como supernova en 1054 a.C. Es un objeto retador para los pequeños telescopios.

NEBULOSA ANULAR DE LA LYRA. Esta famosa nebulosa planetaria se puede observar en noches perfectas con telescopios medianos. Un ejemplo para utilizar la visión desviada.

FOTOGRAFÍA ALBERTO QUIJANO VODNIZA

FOTOGRAFÍA RAÚL ANDRÉS JOYA OLARTE

LA VÍA LÁCTEA. El brillante centro de nuestra galaxia se observa en la constelación Sagittarius. A simple vista también pueden percibirse las oscuras nubes de gases y polvo.

Galaxias

Nombre	Constelación	Magnitud aparente
M 31 La Gran Galaxia de Andrómeda	*Andromeda*	3,5
M 33 Galaxia del Triángulo	*Triangulum*	5,7
M 81	*Ursa Major*	6,9
M 51 La Galaxia Remolino	*Canes Venatici*	8,4
M 104 La Galaxia del Sombrero	*Virgo*	8,3
NGC 5128 Centauri	*Centaurus*	7,0
Gran Nube de Magallanes	*Dorado*	0,1
Pequeña Nube de Magallanes	*Tucana*	2.3

Catálogos celestes

Objetos como cúmulos de estrellas, nebulosas y galaxias tienen sus propios sistemas de nomenclatura, los más familiares de los cuales son las numeraciones M y NGC. El sistema M proviene de un catálogo de objetos cumulares y nebulosos compilados en el siglo XVIII por el astrónomo francés Charles Messier. A la llamada Nebulosa del Cangrejo, la denominó M 1; M 13 para el Cúmulo de Hercules; M 31 fue el número para la Galaxia de Andrómeda; M 42 para La Gran Nebulosa de Orión; M 45 correspondió a las Pléyades y M 57 para la Nebulosa del Anillo en la constelación Lyra. En 1771 publicó su *Catálogo de nebulosas y grupos de estrellas,* mejor conocido como el *Catálogo Messier,* que incluía la clasificación de 103 objetos que hoy día conservan esta denominación.

Más extenso y completo es el sistema NGC, que tiene origen en el *Nuevo catálogo general de nebulosas y cúmulos de estrellas* publicado en 1885 por el astrónomo danés J. L. E. Dreyer. Luego aparecieron otros listados con la numeración IC. La mayoría de los objetos con numeración M también tienen numeración NGC.

te en identificación de estrellas, cúmulos, nebulosas, regiones oscuras y múltiples detalles.

Las galaxias

Hay millones, billones de galaxias que se extienden en el espacio tan lejos como los grandes telescopios pueden ver. A su vez, cada galaxia es una colección de millones de estrellas sostenidas juntas por su mutua atracción gravitatoria. Las galaxias se clasifican de acuerdo con sus formas, de las cuales hay dos principales: *espirales* y *elípticas.*

El ejemplo más famoso de galaxia espiral es M31, la Galaxia de Andrómeda, uno de los pocos objetos detectables a simple vista y que no está en nuestra galaxia. Las galaxias espirales están orientadas en diferentes ángulos respecto a nosotros, lo cual afecta la manera en que ellas aparecen en el telescopio. Así, una espiral vista de frente aparece redonda en los telescopios, pero una espiral de perfil aparece en forma alargada.

Existen también algunas galaxias de formas irregulares. Estas incluyen la Gran Nube de Magallanes, en la constelación *Dorado,* y la Pequeña Nube de

Magallanes, en la constelación *Tucana*, las cuales son galaxias satélites de nuestra Vía Láctea. Las galaxias se observan mejor con binoculares o con telescopios y, puesto que son tenues, se aprecian mejor con poco aumento para incrementar su contraste contra el fondo celeste.

FOTOGRAFÍA RAÚL ANDRÉS JOYA OLARTE

LAS PLEIADES. Es el mejor cúmulo de estrellas en el cielo. A simple vista aparece como un ligeramente brumoso grupo de unas 6 o 7 estrellas, pero los binoculares y los telescopios pequeños muestran muchas más.

CÚMULO GLOBULAR OMEGA CENTAURI. Es el más brillante del cielo. A simple vista parece una estrella de magnitud 4.

LA GRAN GALAXIA DE ANDRÓMEDA. Se observa mejor con binoculares o con telescopios con poco aumento.

FOTOGRAFÍA RAÚL ANDRÉS JOYA OLARTE

FOTOGRAFÍA RAÚL ANDRÉS JOYA OLARTE

FOTOGRAFÍA ADOLFO LEÓN ARANGO MEJÍA. GRUPO ANTARES

Observación de satélites

Sucede con mucha frecuencia. Estamos contemplando el firmamento a simple vista o con los binoculares cuando de repente notamos un pequeño punto luminoso que se desplaza en línea recta y a gran velocidad entre las estrellas. Es un *satélite artificial*. Desde que la Unión Soviética colocó en órbita, el 4 de octubre de 1957, el primer satélite artificial, el *Sputnik I*, más de 8.000 han sido lanzados, y alrededor de 3.000 están aún en el espacio, incluyendo la Estación Espacial Internacional, el Telescopio Espacial Hubble, cientos de satélites de comunicación, y muchos más observables a simple vista. Se desplazan a alturas que oscilan entre 200 km y más de 1.000 km. Los satélites brillan iluminados por la luz solar por lo cual pueden observarse fácilmente luego de la puesta del Sol o antes del amanecer. Con los binoculares se percibe la lenta disminución de su luminosidad al penetrar en la zona de sombra de la Tierra y variaciones en el brillo producidas por su rotación. Un grupo de atentos navegantes con excelentes condiciones podrá a simple vista distinguir unos 30 satélites en una noche completa de observación.

Para conocer el momento exacto en cual un satélite artificial, el Telescopio Espacial Hubble o la Estación Espacial Internacional cruzarán ante nuestra vista, pueden consultarse las siguientes direcciones de Internet:

- www.heavens-above.com
- spaceflight.nasa.gov/realdata/sightings/

SATÉLITE. Destello de un rotatorio satélite artificial iluminado por la luz solar.

La observación del cielo

CAPÍTULO 2

El navegante celeste

El cielo es un espectáculo permanente: estrellas, planetas, constelaciones, lluvias de meteoritos y mucho más, son maravillas que descubrimos y disfrutamos en apenas una noche de observación. Y todo esto puede hacerse a simple vista. Luego, los binoculares y los telescopios nos mostrarán una infinidad de detalles de la bóveda celeste que nos deslumbrarán por completo. Pero, explorar el inmenso océano celeste necesita una condición sin la cual es casi imposible realizar la navegación: actitud.

En primer lugar, la astronomía visual es para personas con capacidad de asombrarse con el universo que habitamos. De allí el enorme entusiasmo que despierta entre los niños y los jóvenes una sesión de observación de estrellas. También se requiere *iniciativa* (no es tan simple como sentarse y observar), *paciencia* (muy a menudo la noche ideal puede transformarse súbitamente en un enorme manto de nubes) y *constancia* (muchos objetos son difíciles de encontrar).

Y esencial, la *organización*. El éxito de una sesión de astronomía comienza con una preparación, revisando la lista de elementos para la navegación. Además, hay que tener un plan de observación de acuerdo con la época del año, concentrarse en secciones especiales del cielo, en constelaciones particulares y en objetos previamente listados. Observar el firmamento erráticamente afecta la orientación y puede perderse lo mejor de la navegación. Finalmente, se ve más y es más divertido si se observa en grupo, con amigos, pero es importante que todos tengan afinidad con este pasatiempo.

El lugar de observación

El principal enemigo de la astronomía es la luz artificial. Cualquier lugar es un observatorio si las condiciones de luz son buenas. Aun desde

FIESTA DE ESTRELLAS. Los eventos públicos de observación del cielo convocan a decenas de aficionados como en el tradicional festival anual de astronomía en la localidad de Villa de Leyva en Colombia.

la ciudad son visibles muchos de los detalles del cielo, pero la máxima fantasía de la navegación sólo se obtendrá en los sitios más alejados de la luz y de los ruidos artificiales. Una noche de observación en un lugar apropiado es, por lo general, una experiencia inolvidable.

Al escoger un sitio de observación hay que tener en cuenta, además de la ausencia de luz, la posible interferencia de árboles, edificios y carreteras con tráfico. En una salida de observación hay que seleccionar los lugares en dirección opuesta a las fuentes de luz. Si se trata de estudiar los cielos del Norte, escoger un sitio al norte de la ciudad; si se van a observar los cielos del Sur, viajar hacia el sur.

La astronomía urbana o en los vecindarios de las ciudades también es posible; desde el patio de la casa, la terraza o el parque vecino se puede apreciar perfectamente en detalle una enorme cantidad de objetos en el espacio, siempre que el lugar desde donde se observa permanezca oscuro. En resumen: *manténgase en la oscuridad más completa posible*.

Además de una noche despejada y un sitio oscuro, la exploración debe recrear adecuadas condiciones de observación. Primero, la comodidad. La recomendación es que *todos los observadores deben estar sentados.* Un asiento confortable o una silla reclinable son ideales. En noches frías, es fundamental el uso de ropa abrigada, de pies a cabeza. En lugares realmente fríos se sugiere que cada persona tenga a la mano una manta. Definitivamente, la astronomía visual es un pasatiempo que debe hacerse con todo confort. No olvidar *alimentos y bebidas*.

En astronomía la iluminación es clave. Puesto que uno de los factores indispensables para una buena observación es la adaptación de la vista a la oscuridad, utilizar luz blanca no es buena idea. En promedio, el ojo humano tarda al menos media hora en adaptarse completamente a la ausencia de luz, así que las *linternas con luz roja* -pintadas o con papel rojo- son obligatorias. Y hay que tener iluminación para evitar el riesgo de tropezarse en medio de la oscuridad y poder consultar mapas o revisar el equipo. Encender una luz blanca en medio de la oscuridad es un error y una falta de cortesía con los demás observadores.

Por supuesto, hay que tener *mapas celestes*, esenciales para todo observador. Existen muchos tipos de mapas que sirven para localizar los detalles de interés, pero al principiante le recomendamos aquellos que representan las estrellas, los objetos y constelaciones más visibles o brillantes. Con mayor experiencia podrán utilizarse mapas más detallados. Un cuaderno de notas es una buena costumbre para consignar alguna descripción o la hora de la observación de los fenómenos. Una mesa auxiliar se requiere para todo esto.

Nada peor para la astronomía visual que la interferencia de las luces artificiales. Cada vez es más difícil encontrar ambientes ideales para observar los objetos del cielo, y aquí vale la pena mencionar la iniciativa de diversas organizaciones en el mundo para preservar los cielos estrellados como un patrimonio de la humanidad. Esta iniciativa incluye:

- Promover el diseño y la instalación de las lámparas del alumbrado público con iluminación hacia abajo únicamente y con bombillos de intensidad adecuada.

- Obligar a los anunciantes, a colocar protectores sobre sus avisos luminosos. Arrojar la luz hacia el cielo es además un desperdicio de energía. El asunto no es la cantidad de luz sino hacia dónde va dirigida.

ILUMINACIÓN CORRECTA.
Orientando la luz hacia el objeto que se desea iluminar se logra un aporte a la preservación de los cielos oscuros.

ILUMINACIÓN INCORRECTA

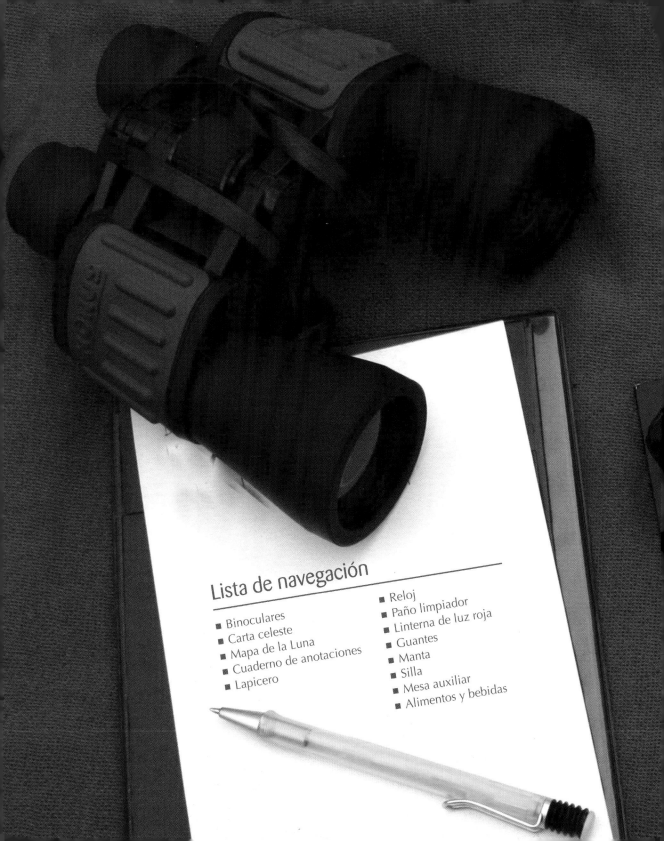

Lista de navegación

- Binoculares
- Carta celeste
- Mapa de la Luna
- Cuaderno de anotaciones
- Lapicero

- Reloj
- Paño limpiador
- Linterna de luz roja
- Guantes
- Manta
- Silla
- Mesa auxiliar
- Alimentos y bebidas

ELEMENTOS DE NAVEGACIÓN. Binoculares, carta celeste y linterna con luz roja son elementos necesarios para una adecuada observación del firmamento.

Los diez pasos hacia las estrellas

Salir a observar la bóveda celeste con un telescopio, sin saber manejarlo y sin conocer el cielo puede ser muy frustrante. Y peor aún si las expectativas de los niños que lo rodean no se cumplen. Un verdadero desastre.

PASO 4
COMIENCE CON BINOCULARES

La mayoría de los objetos del espacio son débiles en brillo y se observan mejor con poco aumento. Además, los binoculares ofrecen un amplio campo visual que permite estudiar extensas regiones del cielo. En otras palabras, los binoculares son ideales como un primer instrumento.

PASO 2
USE MAPAS

Inevitable. En astronomía hay que usar mapas del cielo, pero esto es muy fácil. En toda librería importante hay mapas, libros y manuales de astronomía básica y avanzada.

PASO 1
LEA

Estudiar astronomía es fascinante: su historia, las constelaciones y su mitología, el Sol, la Luna y los planetas, los asteroides y cometas, las galaxias; los telescopios, la astronáutica y los viajes espaciales; los recientes descubrimientos en Marte, y en las lunas de Júpiter y Saturno; los nuevos planetas; la búsqueda de vida extraterrestre y más, mucho más, todo un universo.

PASO 3
OBSERVE A SIMPLE VISTA

Mapa en mano aprenda a reconocer las estrellas y constelaciones más importantes, y a distinguir los planetas y sus desplazamientos. En éste momento usted puede quedar irreversiblemente capturado por la astronomía.

PASO 5
ENTUSIASME A SUS AMIGOS

La astronomía es más divertida cuando se observa en grupo. Una sesión de observación, bien planeada, en un buen sitio, con una magnífica noche, será tan inolvidable para todos como la mejor de las fiestas.

Al contrario, la astronomía es fácil y divertida, y además esencial para la cultura general en el siglo XXI, la centuria de los viajes espaciales. En seguida, nuestras sugerencias para iniciarse correctamente en este maravilloso pasatiempo.

PASO 7
NO CORRA A COMPRAR UN TELESCOPIO

A menos que usted se considere listo para la gran aventura de la navegación celeste con telescopio pase un buen tiempo estudiando el cielo con los binoculares y los mapas, antes de efectuar el gran salto hacia las estrellas.

PASO 9
NAVEGUE POR INTERNET

Se puede conectar con numerosos sitios recomendados para principiantes, incluyendo cursos completos, mapas celestes virtuales, instrucciones para el manejo de telescopios, y las últimas noticias sobre el cosmos.

PASO 6
TOME UN TALLER BÁSICO

Observatorios, planetarios y asociaciones de aficionados ofrecen todos los meses talleres de astronomía básica que por lo general incluyen sesiones de manejo de telescopios y observación de estrellas. Además encontrará otros aficionados con su mismo nivel de entusiasmo.

PASO 8
COMPRE UN BUEN TELESCOPIO

¿Ya sabe quién es quién en la bóveda celeste? Entonces adquiera un telescopio adecuado para su lugar de observación y con la calidad óptica necesaria para efectuar una correcta exploración. Deseche por completo los equipos de bajo precio.

PASO 10
ENSÉÑELES A LOS DEMÁS

Tal vez lo único más agradable que mirar el cielo es mostrárselo a los demás. Escuchar las expresiones de asombro del público bajo el cielo estrellado es la mejor recompensa a la paciencia y el esfuerzo en aprender astronomía

El cielo a simple vista
CAPÍTULO 3

Orientación con las estrellas

Para comenzar la aventura de la exploración del cielo hay que reconocer a simple vista ciertas estrellas y constelaciones clave. Y también hay que saber cómo orientarse. ¿Dónde están el Norte, el Sur, el Este y el Oeste? Esto es bastante sencillo y básico e indispensable para todo navegante.

La mejor manera de orientarse es pensar en las estrellas y constelaciones como fijas sobre una esfera que gira sobre nuestras cabezas alrededor de un eje, en cuyos extremos están el *Polo Norte Celeste* y el *Polo Sur Celeste*. Además, podemos imaginar esta bóveda como una gran esfera dividida por el *Ecuador celeste* en dos semiesferas, cada una con su respectivo eje de rotación: Norte y Sur. Así que en nuestra primera noche de observación estamos bajo un cielo estrellado que gira lentamente sobre nosotros con los astros saliendo por el Este. Pero ¿Dónde esta el Norte? ¿Y el Sur?

MAPA CELESTE. Existen cartas y mapas del cielo con mayor o menor detalle según los planes de observación del navegante celeste.

Para ubicar el Polo Norte celeste o el terrestre podemos utilizar una brújula que nos dará una dirección aproximada. Pero es más exacto tomar como puntos de referencia ciertas estrellas y constelaciones clave; por ejemplo, en el Norte está *Ursa Major* -la Osa Mayor- gran constelación en la cual se destacan siete brillantes estrellas reconocibles a simple vista, un asterismo conocido, entre otros nombres, como *La Cacerola*. La Osa Mayor es una *constelación circumpolar*, lo que quiere decir que por su vecindad al Polo Norte Celeste siempre gira alrededor de él. Dos de sus estrellas, *Merak* y *Dubhe*, apuntan directamente hacia la estrella denominada *Polaris*, la cual coincide casi exactamente con el Polo Norte Celeste. Si prolongamos cinco veces la distancia que hay entre estas dos estrellas siempre encontraremos a *Polaris*.

Es posible que por la época del año la Osa Mayor no esté a la vista. Hay sin embargo otra brillante constelación circumpolar en el Norte, *Cassiopeia*, distinguible como una gigantesca M formada por cinco estrellas.

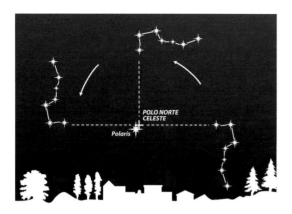

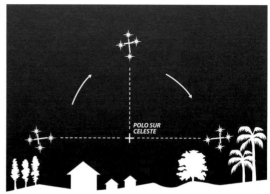

Doce horas de revolución de la constelación Ursa Major alrededor del Polo Norte Celeste.

Doce horas de revolución de la constelación Crux alrededor del Polo Sur Celeste.

Así, siempre que identifiquemos a *Ursa Major* o a *Cassiopeia,* estaremos seguros de observar en dirección Norte. Por tanto, a nuestra derecha está el Este –por donde salen las estrellas–, a nuestra izquierda el Oeste y atrás el Sur. Y hay más señales en el cielo para orientarse; por ejemplo, la prolongación de la línea imaginaria que une las estrellas *Rigel* de *Orion* y *Capella* de *Auriga* nos lleva hacia el Polo Norte Celeste.

El hemisferio Sur también presenta estrellas y constelaciones circumpolares como *Crux,* la Cruz del Sur, cuatro estrellas que forman una cruz que gira apuntando su brazo más largo casi exactamente hacia el Polo Sur Celeste; o en otros meses, la brillante estrella *Achernar* de la constelación *Eridanus* que también nos indica que estamos mirando al Sur, con el Norte detrás, las estrellas saliendo por el Este a nuestra izquierda y ocultándose en el Oeste, a la derecha. La prolongación hacia el horizonte de la línea imaginaria que une a las brillantes estrellas *Be-*

telgeuse de Orión y *Canopus* en *Carina,* también nos lleva al vecindario del Polo Sur Celeste.

Los hemisferios celestes

El imaginario Ecuador Celeste que cruza la bóveda la divide en los hemisferios Norte y Sur. En consecuencia, los observadores situados en vecindades del Ecuador terrestre (0° de latitud) podrán ver todas las estrellas y constelaciones rotando a lo largo del año, con los polos celestes Norte y Sur situados muy bajos en el horizonte.

Pero si viajamos hacia el Norte, situándonos por ejemplo en Norteamérica o en Europa, veremos que el Polo Norte celeste, la estrella *Polaris, Ursa Major, Cassiopeia* y todas las demás constelaciones del Norte se nos presentarán más elevadas en el cielo y jamás se ocultarían a nuestra vista, pero nunca podríamos divisar el Polo Sur Celeste o la Cruz del Sur.

Incluso, si nos situamos en el Artico, en la larga noche invernal notaríamos que el Polo

Norte Celeste y la estrella *Polaris* siempre estarían sobre nosotros; todas las constelaciones del hemisferio Norte girarían a su alrededor durante el año, y no divisaríamos ninguna porción del cielo del hemisferio Sur.

Igual cosa pasa si viajamos al sur de nuestro planeta. Desde Argentina, Chile, Suráfrica o Australia nunca observaremos a *Ursa Major* o la estrella *Polaris*, pero la Cruz del Sur o la estrella *Achernar* siempre aparecerán altas en el firmamento.

Tal es la mecánica celeste en su forma más sencilla, que luego de algunas sesiones de observación nos parecerá lógica y familiar. Ahora sí estamos listos para seguir a simple vista la ruta de la Luna y los cinco planetas, reconocer las constelaciones, divisar la galaxia de Andrómeda, los cúmulos de estrellas más notables, las lluvias de estrellas, avistar los satélites artificiales, y las auroras boreales y australes, estas últimas, fantasías reservadas para los habitantes al norte y al sur del planeta.

Astronomía con binoculares

CAPÍTULO 4

El cielo es un espectáculo maravilloso, pero las emociones aumentan cuando observamos el firmamento con la ayuda de un formidable instrumento de navegación: los binoculares. La primera observación del cielo con binoculares es toda una revelación. El usuario de tan modesto instrumento tiene en realidad el pasaporte de entrada a un firmamento maravilloso, oculto para la observación a simple vista.

Los binoculares deben formar parte del equipo de todo navegante celeste, bien sea principiante o avanzado, tenga o no telescopio. Los binoculares tienen diversas ventajas sobre los telescopios, especialmente para el principiante; por ejemplo, su bajo poder de magnificación es en sí una cualidad que permite observar imágenes más brillantes en un campo más extenso. Además, muchos objetos interesantes, galaxias,

FOTOGRAFÍA ANDRÉS FERNANDO ARBOLEDA

EL CIELO CON BINOCULARES. Los campos de estrellas de la Vía Láctea son un ejemplo típico de los objetos que se observan mejor con binoculares.

nebulosas y cúmulos de estrellas son tenues y se localizan y aprecian mejor con poco aumento. Por el contrario, el exceso de aumento significa menor amplitud de campo, menor eficiencia en recoger luz e imágenes más débiles, con la obvia dificultad de localizar los objetos. Con los binoculares la búsqueda resulta sencilla y permite experimentar el placer del descubrimiento desde el principio, lo cual es ideal para los niños. Aun desde el jardín o la terraza en una ciudad, las noches estrelladas revelan innumerables tesoros con los binoculares.

Los binoculares permiten observar el universo con ambos ojos, lo cual aumenta el sentido de realidad y profundidad y una visión más relajada. Definitivamente, los binoculares son un instrumento cómodo y familiar. Una vez comprendidos los movimientos básicos del cielo, reconocidas las principales estrellas y constelaciones, y observadas las mayores nebulosas y galaxias, la transición al telescopio, si se quiere, se producirá más naturalmente. Y además, con los binoculares se podrán hacer muchas actividades como observación de animales, deportes, espectáculos y toda clase de programas.

Selección de los binoculares

Los binoculares generalmente están marcados con dos números tales como 8 x 30, 10 x 50, 11 x 60, etc. El primer número corresponde al *aumento* o poder de magnificación, y el segundo, a la *apertura* o diámetro en milímetros de cada lente frontal. Ambos números son importantes; aperturas grandes y aumentos altos permiten detectar la luz de objetos más difusos, pero si la magnificación es demasiada o el instrumento muy pesado, es difícil encontrar los astros y mantener las imágenes estables. Recientemente han aparecido en el mercado binoculares con estabilización automática de la imagen y excelente rendimiento, pero son más costosos.

De este modo el tamaño y tipo de binocular que se use determina el número de objetos y detalles que podrán observarse, y la clase de soporte necesario, además del precio que se pagará. Veamos los aspectos más importantes para una adecuada selección del binocular.

Los aumentos

Los binoculares manuales se encuentran en el rango de seis aumentos (6x) hasta diez aumentos (10x). Por ejemplo, diez aumentos significa que la Luna aparecerá diez veces más cerca (o diez veces de mayor diámetro). Soportes o trípodes son indispensables para instrumentos con magnificaciones mayores y que pueden llegar hasta los "gigantes" de 15x y 20x. Los modelos

con zum raramente presentan las calidades ópticas necesarias para la observación astronómica por lo cual no son recomendables.

La prueba clave para la calidad óptica de los binoculares es la apariencia de las imágenes de las estrellas que deben observarse como claros y precisos puntos luminosos. También pueden calibrarse de día con objetos lejanos como avisos, cuyas líneas deben apreciarse nítidamente.

La apertura

La cantidad de luz capturada por el binocular está determinada por el diámetro de los dos lentes frontales. La apertura es clave para la observación puesto que representa la posibilidad de detectar objetos muy débiles en brillo. Cuanto mayor sea la apertura, más brillantes aparecerán los astros. Los binoculares para astronomía recreativa deben tener aperturas entre 30 mm hasta 50 mm. Los binoculares gigantes están en rangos de 60 mm a 80 mm y los supergigantes pueden llegar hasta los 150 mm, pero éstos son más pesados y costosos.

Algunos binoculares adicionalmente tienen un revestimiento químico (*coated, multicoated*) en lentes y prismas que incrementan su capacidad para transmitir la luz y reducen reflejos internos. Su mayor precio se justifica por la calidad de la observación.

El campo visual

El área del cielo que puede observarse a través del instrumento se conoce como *campo visual*, se mide en grados (°) y es la mayor

Un binocular mediano de 8 x 40 y uno gigante de 20 x 80, ambos adecuados para la observación astronómica.

ventaja del binocular sobre el telescopio, pues permite cubrir amplios espacios de forma fácil y rápida. El campo visual se reduce en la medida que aumenta la magnificación pero los binoculares de 6x a 10x con amplio campo -entre 8° y 5°- tienen la capacidad suficiente para capturar una enorme cantidad objetos interesantes del espacio profundo.

En consecuencia, los binoculares de 6x, 7x y 8x son los más cómodos y prácticos para el principiante, pueden sostenerse manualmente por largo tiempo y además tienen amplios campos visuales que permiten navegar confortablemente entre las estrellas. Son excelentes para objetos como cúmulos abiertos de estrellas, las mayores nebulosas y la observación de cometas.

Los binoculares de 9x y 10x, suficientemente pequeños para sostenerlos manualmente, son mejores para detallar el relieve de la Luna, las nebulosas más difusas o las estrellas dobles. Este es un tamaño de instrumento apropiado para que el astrónomo aficionado emprenda una completa búsqueda de objetos celestes. Con binoculares de magnificaciones mayores a 12x podrán detectarse galaxias brillantes y, fácilmente, las lunas mayores de Júpiter, pero son más costosos.

Accesorios

Aunque la observación con binoculares es simple, se aconseja un mínimo de elementos para mejorar el rendimiento. Incluso en modelos de 7x a 10x es siempre deseable disponer de algún tipo de apoyo para el instrumento o para las manos que lo sostienen, tanto para asegurar la estabilidad como para evitar la fatiga. Entre las alternativas se encuentran los trípodes y las sillas reclinables con brazos. Los trípodes permiten, además, la libertad de movimientos para tomar notas, consultar mapas y otras actividades. La mayoría de los binoculares tienen una rosca frontal para ajustarse a los trípodes.

Los binoculares traen una correa que permite colgárselos al cuello; es recomendable utilizarla permanentemente durante la observación puesto que los golpes son la primera causa de daño de este instrumento. Las tapas para lentes y oculares también son esenciales y siempre deben estar puestas cuando no se utilicen. La humedad, el polvo y los dedos en los cristales son los enemigos de la durabilidad de las lentes. La calidad de los cristales es el eje de la calidad del instrumento.

Utilización de los binoculares

Lo primero que se hace al observar a través de los binoculares es enfocar el objeto. En algunos instrumentos el foco con una rueda central es simultáneo para ambas lentes, y en otros el ajuste es independiente para cada ojo. Este último sistema es el más conveniente. El problema del foco es que generalmente los binoculares pasan de uno a otro observador, y cada quien hace su ajuste particular; en estos casos, dado que en astronomía siempre se enfoca hacia el infinito, lo más sencillo es efectuar alguna marca con el ajuste preciso para nuestros ojos.

Si se usan lentes es mejor quitárselos, puesto que los binoculares corrigen los proble-

LA OBSERVACIÓN. Adecuadamente abrigado, sentado, con binocular, linterna de luz roja y carta celeste, se ilustra la forma correcta de observar el cielo.

mas visuales, excepto un severo astigmatismo. Las lentes de contacto no presentan ningún problema.

Pronto notaremos que al observar los objetos más difusos, éstos se distinguen mejor cuando los miramos ligeramente a un lado, y no directamente a su centro. Esta práctica se llama "visión desviada" y es muy común en la astronomía visual de objetos tenues, puesto que los alrededores de nuestra retina son más sensibles a la luz blanca.

En cuanto al mantenimiento de los binoculares y telescopios, lo primero es prevenir golpes o caídas del instrumento y asegurarnos de que nuestros amigos no pongan los dedos en las lentes. Suciedades o manchas deben quitarse preferiblemente humedeciéndolas con agua o con nuestro propio aliento, y removiéndolas delicadamente con un papel suave o un pañuelo. Papeles especiales y líquidos de limpieza para lentes son también fáciles de conseguir. Y con la costumbre de mantener puestas las tapas protectoras y el instrumento en su caja cuando no se use, tendremos equipo para muchas noches de observación.

Midiendo distancias

En el cielo, el tamaño, la posición relativa de los astros, su desplazamiento y sus distancias recorridas se miden en grados (°), minutos (`) y segundos ("). Por ejemplo, 90° es la distancia angular desde el horizonte hasta el cenit, o desde los Polos Celestes hasta el Ecuador Celeste. La Luna y el Sol tienen un diámetro aparente de 30` o 1/2°, y en una hora las estrellas viajan 15°.

Hay un sistema muy sencillo, y literalmente a la mano, que nos aproxima fácilmente las distancias celestes. Nuestra mano extendida con el brazo alargado tiene unos 20°, y con el puño cerrado 10°. Y el dedo pulgar ajusta los 2°. Practicar esta técnica permite calcular la distancia entre las estrellas, localizar objetos con estrellas de referencia, y determinar el tamaño relativo de las constelaciones

El telescopio
CAPÍTULO 5

Selección del telescopio

Hay varias clases de telescopios y docenas de marcas en todos los tamaños y precios, pero, al contrario de lo que podría pensarse, el telescopio ideal no es el más grande, o el más costoso, o el de mayor número de accesorios. El mejor telescopio es el que usted va a usar frecuente-mente, con seguridad un telescopio portátil de buena calidad óptica, sencillo de instalar y fácil de manejar.

Clases de telescopios

Todos los telescopios ópticos cumplen más o menos la misma función: recogen la luz del objeto, la llevan a un punto de foco, y la aumentan con un ocular. Los telescopios de tipo *refractor* lo hacen con una lente y a veces se acostumbra llamarlos "galileanos", honrando este sistema utilizado por Galileo; los telescopios *reflectores* utilizan un espejo y se denominan

TELESCOPIO DE GALILEO GALILEI (IZQ.). El telescopio fue perfeccionado por Galileo, siendo el primero en utilizarlo para estudiar el cielo.

CLASES DE TELESCOPIOS. Los tres sistemas usuales de telescopios: refractor, reflector y catadióptrico.

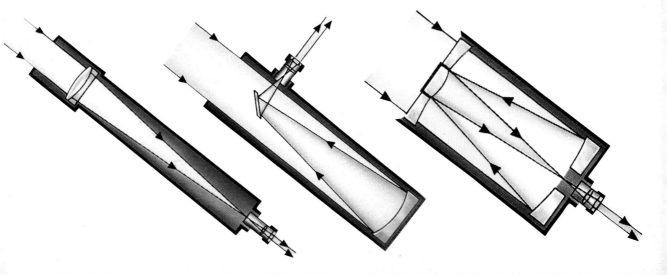

"newtonianos" por su inventor, Isaac Newton; y en tiempos recientes se han convertido en muy populares los telescopios *Schmidt-Cassegrian* y *Maksutov* reflectores con una lente correctora en el frente del tubo, también llamados *catadióptricos*.

Las monturas y los trípodes

Por supuesto, el solo telescopio no sirve de mucho sino está sujeto a alguna clase de soporte que permita dirigirlo donde se desee. Estos soportes se conocen como *montura* y se agrupan en dos clases generales: la *montura altazimutal* y la *montura ecuatorial*. La montura altazimutal permite mover el instrumento arriba y abajo (altitud), y a la derecha e izquierda (azimut), exactamente como un trípode de fotografía. Es un trípode sencillo de instalar, fácil de manejar, económico e ideal para utilizarlo con un telescopio portátil para la observación casual de la bóveda celeste. La montura ecuatorial es más compleja de instalar y manejar, y más costosa, pero ofrece una ventaja decisiva: facilita el seguimiento suave de los astros, y equipada con un motor sincronizado con la rotación terrestre permite el seguimiento automático de los objetos celestes, lo cual es ideal para la observación, con gran aumento, de la Luna y los planetas y es crucial en la astrofotografía. En cualquier opción, la montura y el trípode deben ser suficientemente firmes para que el telescopio no tiemble con la brisa o cada vez que se toque.

En resumen, el primer telescopio debe combinar simplicidad, portabilidad, y una óptica adecuada sobre una firme montura. Con estas características, la oferta para los aficionados principiantes o avanzados es inmensa. Miremos entonces las opciones.

La apertura

El primer factor que hay que tener en cuenta –y para muchos expertos el más importante– es la *apertura*, el diámetro de la lente o del espejo principal del telescopio. Al igual que en la selección de binoculares, la apertura determina la cantidad de luz que recogerá el telescopio y los detalles que se observarán del objeto. En

TIPO DE MONTURAS. Las monturas de telescopio más conocidas son la ecuatorial y la altazimutal.

este sentido, los telescopios refractores tienen las menores aperturas, típicamente entre 60 mm (2,4 pulgadas) y 100 mm (4 pulgadas), por lo cual resultan ideales para la observación de los objetos más brillantes, la Luna, los planetas y los astros más luminosos del catálogo.

El telescopio reflector o newtoniano permite espejos de mayores diámetros a un costo razonable, normalmente en el rango de 90 mm (3,6 pulgadas) hasta 200 mm (8 pulgadas), lo cual los hace ideales, además, para capturar los objetos del espacio profundo más débiles en brillo. Por supuesto, a medida que aumentamos el diámetro de la apertura hacia los rangos de 250 mm (10 pulgadas) a 400 mm (16 pulgadas), virtualmente

TELESCOPIOS. Telescopios reflector y newtoniano sobre montura ecuatorial.

La distancia focal, los oculares y el aumento

Si la apertura del telescopio es la especificación más importante, la *distancia focal* aparece, muy cerca, en segundo lugar. La distancia focal es la distancia que recorre la luz desde la lente o el espejo principal hasta llegar al punto de foco, y es el factor determinante de la capacidad del instrumento para aumentar el tamaño de las imágenes que se observarán a través de los oculares.

La mayoría de los telescopios vienen con uno o dos

TELESCOPIO DOBSONIANO. El instrumento que permite la mayor apertura por el menor precio es un telescopio reflector sobre una montura de tipo dosbsoniano.

virtualmente miles de galaxias quedarán a nuestro alcance, pero los precios se elevarán astronómicamente. Aquí aparece entonces el *dobsoniano*, un telescopio reflector sobre una económica montura giratoria altazimutal diseñada por su inventor John Dobson. Esta clase de telescopio ofrece la mayor apertura por el menor precio y es una buena opción como primer instrumento.

oculares o un *duplicador* de aumento, también conocido como *lente Barlow*. En todo caso, un juego de oculares, duplicador y filtros –al menos para opacar el brillo de la Luna– son necesarios para la navegación avanzada con telescopio.

Los oculares vienen en diversos diámetros y también tienen su propia distancia focal, pero hay que evitar por completo los oculares de 25,5 mm (0.965 pulgadas) de diámetro; los oculares de buena calidad hoy día vienen en el tamaño estándar de 31,25 mm (1,25 pulgadas) de diámetro. La información sobre apertura y distancia focal del telescopio está por lo general grabada en algún lugar del instrumento; el diámetro y la distancia focal son visibles en el ocular.

El número de aumentos con los cuales observaremos un objeto a través del telescopio es el resultado de dividir la distancia focal del telescopio por la distancia focal del ocular. Por ejemplo, un telescopio de 1.000 mm de distancia focal utilizando un ocular de 25 mm de distancia focal producirá una imagen aumentada 40 veces (40x). El mismo telescopio con un ocular de 10 mm mostrará la imagen aumentada 100x. Así que a mayor distancia focal del telescopio o menor distancia focal del ocular, mayor el tamaño visual del objeto.

Pero uno de los dramas de la astronomía visual con telescopio es que cuanto mayor los aumentos menos se ve, dado que se reduce el campo visual, menor la cantidad de luz que llega al ocular, y es más difícil encontrar el objeto y mantenerlo centrado en el ocular. Una regla normal afirma que el máximo aumento razonable que permite un telescopio es 50 veces su apertura en pulgadas (o 2 veces la apertura en mm).

OCULARES. Dos tipos de ocular, con distancia focal de 26 mm y 9,7 mm respectivamente.

Así, con un telescopio de 90 mm (3,6 pulgadas) de apertura, el máximo aumento útil sería 180x; más allá, las imágenes de las estrellas comienzan a verse borrosas. Los telescopios de buena calidad están equipados con excelentes oculares de rango medio, así que hay que evitar los equipos que se promocionan como "superpotentes 500x", destinados al ingenuo comprador impulsivo.

posicionamiento global (GPS) que reconocen automáticamente lugar, fecha y hora. Todos estos sistemas añaden valor a su compra y son ideales para aquellos que prefieren pasar su tiempo viendo estrellas que buscándolas. Además, la mayoría de estos instrumentos pueden conectarse a un computador para utilizar software de astronomía, visualizar en las pantallas las imágenes o fotografiar.

El buscador

Localizar los objetos es el primer reto que tiene el usuario del telescopio. La mayoría de los instrumentos están asistidos por un *buscador*, un accesorio de bajo aumento y amplio campo visual que permite localizar más fácilmente el objeto celeste y en seguida observarlo a través del ocular. Pero, con los modernos telescopios computarizados –bien sobre montura ecuatorial o altazimutal– programados con miles de posiciones de los astros y debidamente instalados, un simple botón lo llevará automáticamente al objeto deseado. La última generación de telescopios incorpora mecanismos del sistema de

La portabilidad

Finalmente, unas líneas sobre un factor decisivo para la frecuencia de uso del telescopio: la *portabilidad*. Un pesado y engorroso telescopio de 10 pulgadas puede estar la mayor parte del año guardado en su caja o adornando algún rincón de la casa, mientras que un ágil instrumento de 5 pulgadas es fácil de llevar a todas partes. Sin embargo, la portabilidad siempre representa sacrificar apertura. Aquí aparecen los compactos Schmidt-Cassegrian y Maksutov, generalmente en el rango de 90 mm (3,6 pulgadas) a 125 mm (5 pulgadas), sistemas ópticos que caben en un tubo de menos de 40 cm de largo pero con gran distancia focal.

La selección

En realidad, la selección del telescopio depende de los intereses, posibilidades y, claro

TELESCOPIO SCHMIDT CASSEGRIAN. Este es el tipo de instrumento que ofrece la mayor capacidad con el menor tamaño.

AUMENTOS. Al dividir la distancia focal del telescopio por la distancia focal del ocular que se está utilizando, se obtiene el número de veces que aumenta la imagen.

el presupuesto. En principio hay que descartar los telescopios refractores baratos con pequeñas aperturas, intolerables para el navegante celeste. Algunos aficionados también quieren utilizar el telescopio de día, por ejemplo para la observación de aves. Como los telescopios invierten la imagen –lo cual no es problema en el espacio exterior–, el telescopio reflector es poco práctico pues dificulta enderezar la imagen con los accesorios especialmente diseñados para esto. Un refractor o un Schmidt-Cassegrian sobre una montura altazimutal y un enderezador de imagen son la mejor elección para la observación diurna.

Si su interés son la Luna, los planetas y las estrellas dobles, o su lugar de observación en la ciudad le impide observar los objetos muy difusos, su opción es un telescopio refractor, o un Schmidt-Cassegrian o Maksutov de hasta 125 mm (5 pulgadas), privilegiando una distancia focal alta. Pero si su afición lo lleva a querer capturar hasta el más fantasmal de los objetos del catálogo, aquí la apertura es todo. En principio, si tiene la fortuna de contar con un ideal sitio rural, o piensa construir su propio observatorio, los telescopios reflectores y los dobsonianos de gran tamaño 250 mm (10 pulgadas) o más son la selección. La opción del telescopio reflector dobsoniano es soberbia como primer instrumento, pero tal vez este telescopio no cabrá en su automóvil o será engorroso en los viajes por avión. Además, cuando se utilizan altos aumentos, localizar los objetos con un telescopio dobsoniano manual es particularmente difícil.

Cuando se dispone de un telescopio computarizado de 8 pulgadas o más, dado el peso de estos instrumentos, lo mejor es mantenerlos fijos y alineados en un lugar de observación permanente; en otras palabras, en un observatorio personal, el sueño dorado de todo astrónomo aficionado.

Por supuesto, si la idea es fotografiar el cielo, el motor de seguimiento, la montura ecuatorial y un trípode sólido como una roca son inevitables. Aquí el telescopio dobsoniano está fuera de carrera. Más bien hay que considerar los telescopios de rango medio como un Schmidt-Cassegrian de 200 mm (8 pulgadas), equipado con control electrónico. Los telescopios computarizados son, por supuesto, la opción de los maratonistas del cielo. Sin embargo, la mayoría de los principiantes prefieren la búsqueda manual de los astros y el placer de gozar la cacería en el firmamento mapa en mano. Además no tendrá que lidiar con la idiosincrasia de la sistematización y el alineamiento del telescopio. Entonces ¿cuál es el mejor telescopio? El que va a usar frecuentemente.

La navegación es imposible sin un mapa celeste. Y si se trata del espacio profundo y sus estrellas dobles, cúmulos, nebulosas y galaxias, un buen atlas del cielo para telescopio es esencial. Y finalmente, no espere que apenas saque su nuevo telescopio de la caja éste comenzará inmediatamente a revelarle las maravillas del universo. Tómelo con calma, léase bien los manuales, aplíquese buenas dosis de paciencia con usted y su telescopio, y los resultados muy pronto serán más espectaculares de lo que pensaba.

Manejo del telescopio

El viaje celeste con un telescopio debe comenzar en la Luna, grande, brillante y repleta de detalles. La Luna es ideal para el aprendizaje en el manejo de los telescopios: practicar la localización del objeto con el buscador, centrarlo en el ocular, enfocar, cambiar oculares o colocar duplicadores para obtener mayor aumento, utilizar filtros para realzar detalles; en fin, la Luna y su enorme cantidad de rasgos superficiales es visible aun en los telescopios más ordinarios.

En seguida, los planetas, comenzando por el resplandeciente Venus con sus fases, el enorme

Júpiter con sus bandas de nubes y las cuatro lunas mayores, y los maravillosos anillos en Saturno.

Luego las nebulosas y los cúmulos de estrellas más brillantes. Estos son objetos y detalles bien visibles con cualquier telescopio, aun desde las grandes ciudades.

A mayor apertura, más se podrá ver, como las capas polares de Marte cuando el planeta está cercano. Estudiar los planetas exteriores con el telescopio significa pasar una gran cantidad de tiempo observando, y esperando los mejores momentos de estabilidad de la atmósfera. Además, cuanto más tiempo se observe, mejor entrenada estará su visión, y en las oposiciones planetarias favorables, los usuarios de telescopios incluso de modestos aparatos, podrán observar numerosos detalles sin dificultad.

Lo que no se podrá observar incluso con los telescopios más grandes son los discos de las estrellas y las nebulosas en colores; aunque en la Nebulosa de Orión se destacan tintes verdosos, los colores de la mayoría de las nebulosas y galaxias están reservados para la astrofotografía. Jamás utilice el telescopio para observar el Sol si no dispone de los filtros adecuados o no conoce las técnicas seguras.

La Astrofotografía

Hay algo que le gusta más a los aficionados a la astronomía que mirar el cielo: fotografiarlo. Fotografiar el cielo no requiere un sofisticado equipo, y para capturar en película o en las modernas cámaras digitales los trazos brillantes de las estrellas se necesita apenas una cámara que permita tiempos de exposición abierta. Una toma de solo medio minuto es suficiente para capturar más estrellas de las que pueden verse a simple vista, además de registrar los colores de los astros ocultos a nuestros ojos.

Con los telescopios dotados de motor de seguimiento y la tecnología de procesamiento en el computador, las fotografías de los objetos del espacio profundo realizadas por los aficionados rivalizan con las tomas realizadas con los grandes telescopios del siglo pasado. Por ejemplo, la mayoría de las imágenes que acompañan este libro fueron realizadas por astrónomos con telescopios medianos. Ahora, en Internet, hay docenas de sitios personales de experimentados astrofotógrafos, además de revistas especializadas en donde se puede obtener toda la información de cómo se hicieron las fotos. En todo caso, iniciarse en la astrofotografía y en la filmación de los astros es sencillo y los buenos resultados son casi inmediatos, tratándose de la exposición abierta de estrellas y constelaciones, o la Luna y los planetas más brillantes con el telescopio.

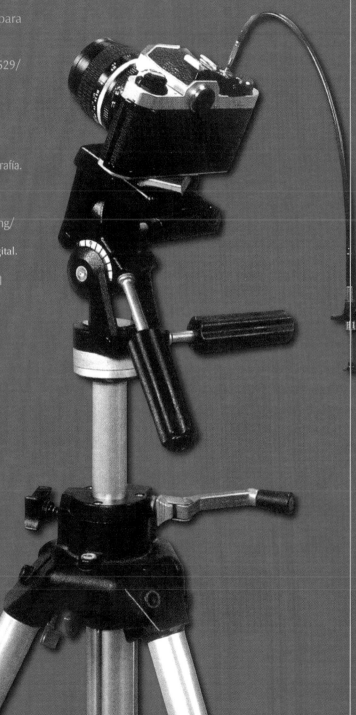

Algunas direcciones útiles en Internet para iniciarse en la astrofotografía son:

- www.geocities.com/CapeCanaveral/lab.6529/primer.htm
  Los conceptos básicos de la astrofotografía.

- www.astropix.com
  Los consejos de los mejores astrofotógrafos.

- www.geocities.com/astrocesar/astrofotografía.htm
  Pagina de astrofotografía digital.

- www.SkyandTelescope.com/howto/imaging/article_176_1.asp
  Aprendizaje de la fotografía con cámara digital.

- www.usno.navy.mil/pao/webcamgal.shtml
  Equipos, instrucciones e imágenes con los sistemas *webcam*.

- www.astroimaging.com
  Astronomía en videos de aficionados.

La astrofotografía. La cámara sobre un trípode o adaptada al telescopio permite sin mucha complejidad buenas fotos del cielo.

La astronomía y los niños
CAPÍTULO 6

Hay una conexión mágica entre la bóveda celeste y los niños. Hace unos años, tratábamos de observar con un grupo de amigos el cometa Hyakutake bajo un cielo lleno de nubes en una fría colina casi a la medianoche. Gracias a la insistencia de los niños para permanecer en el sitio pudimos unos minutos más tarde admirar a simple vista uno de los más grandiosos cometas del siglo XX. Los niños también llenan las salas de los planetarios y en las jornadas públicas de observación con telescopios, siempre los más pequeños están en la primera fila.

Pero las encuestas señalan que la inmensa mayoría de los niños en las ciudades -en la era del entretenimiento multimedia- apenas pasan unas horas al mes en actividades al aire libre, y muy pocos han observado alguna vez el cielo. La situación es peor para los más pequeños que son encerrados en sus casas muy temprano.

NIÑOS AL TELESCOPIO.- Observación
solar dirigida para los niños.

Sin embargo, muchos astrónomos afirman que lo son porque vieron las estrellas cuando eran niños. Entonces ¿qué sucede?

Las edades tempranas son definitivas para el desarrollo de la niñez; es en este momento que el ser humano establece su sistema de valores y moldea lo que será su futuro. La astronomía es una disciplina extraordinaria para motivar y formar a la niñez y juventud y promover la apreciación simultánea por la ciencia y la cultura. Es una actividad cuyo propósito es entender el mundo en el cual vivimos, y ayuda a comprender nuestra herencia cultural y nuestra diversidad. La astronomía es una ciencia multidisciplinaría con fuertes conexiones con la filosofía, las artes y el desarrollo humano. La astronomía moderna es, además, una ciencia que impulsa el desarrollo de tecnología avanzada y estimula la inclusión de la niñez y la juventud en el complejo mundo de la actualidad.

En verdad, si queremos una sociedad conectada a los nuevos vientos que trae el siglo XXI, la mejor vía es interesando a los niños y

FOTOGRAFÍA GERMÁN PUERTA RESTREPO

Niños dibujando en un festival de astronomía.

adolescentes en la astronomía. Si no los iniciamos cuando están jóvenes -como sucede también en las matemáticas, la pintura y la música-, probablemente no se interesarán después. Muchas escuelas y colegios tampoco ayudan mucho y no enseñan astronomía parcialmente por la idea errónea de que los escolares más pequeños no son capaces de entender las ideas científicas. Al contrario, las investigaciones han demostrado que aun los preescolares desarrollan ideas muy elaboradas acerca de cómo funciona el mundo, y la forma de activar ese poten-

cial es involucrándolos en actividades propias para su edad. Y aquí aparece en el escenario la astronomía con toda su magia, por ejemplo, observando la secuencia de cambios en el cielo, identificando objetos y dibujándolos.

Hay muchas actividades que los padres y maestros pueden desarrollar para estimular a los estudiantes a descubrir ellos mismos la relación entre los objetos celestes y su lugar en el universo. La más obvia es que los niños realicen lo mismo que hacen los astrónomos aficionados: observar, apuntar datos, desarrollar hipótesis, interrogarse sobre los enigmas y misterios del cosmos; en el aula, una gran variedad de experimentos y actividades grupales; la Internet, con docenas de páginas de astronomía para niños. Una sorpresa se evidenciará pronto: mayor entusiasmo entre los niños más pequeños, pues la astronomía captura su natural sentido del descubrimiento.

La clave para el éxito es hacer divertida la astronomía para los niños. Y por supuesto que lo es: danzando como los planetas, dibujando las fases de la Luna, leyendo las historias y los mitos del cielo, observando los anillos de Saturno, soñando con viajar a Marte. Pero, sin duda, el mayor impacto se obtiene justo bajo las estrellas, identificando las figuras de las constelaciones y observando con binoculares y telescopios.

Hay docenas de portales maravillosos en Internet para que los niños se inicien y desarrollen el gusto por la astronomía; y otras para que los padres y maestros puedan estimular su aprendizaje.

Para empezar pueden consultarse las siguientes direcciones:

- starchild.gsfc.nasa.gov/docs/StarChild/StarChild.html
  La página de la NASA para niños según niveles de edad.

- www.cienciafacil.com/astronomia.html
  Información y juegos didácticos.

- www.tutorworldpr.com/ninos.htm
  Astronomía para niños, enlaces y contactos útiles.

- www.alucine.com/ninos/htm
  La astronomía y el planeta Tierra explicados.

- www.geocities.com/capecanaveral/hangar/2346
  La astronomía y los viajes espaciales para niños.

Anexos

Bólido. Muchas buenas imagenes no requieren telescopio, como ésta de un brillante meteoro de la lluvia de las Leónidas que estalla entre el planeta Júpiter, la estrella Aldebarán y las Pleiades.

La siguiente es una selección de detalles en la Luna para observación con binoculares y telescopios, navegación que debe efectuarse con un mapa lunar para la correcta ubicación.

LUNA CRECIENTE. Se destacan grandes *maria* y enormes cráteres que resaltan en el terminador, la zona límite entre la luz y la sombra.

Cráteres

- SINUS IRIDIUM (Bahía del Arco Iris).

- PETAVIUS. Uno de los cráteres más antiguos con varios picos en su centro.

- LANGRENUS. Tiene un brillante pico central.

- ENDYMION. Suelo bastante oscuro.

- ARISTOTELES. Se destacan sus altas paredes.

- PTOLOMAEUS. Uno de los más visibles en la región central.

- ALBATEGNIUS. Suelo bastante oscuro.

- MANILIUS. Pequeño pero excepcionalmente brillante con los binoculares.

- CLAVIUS. Uno de los cráteres más grandes, cercano al Polo Sur.

- TYCHO. Uno de los más notables con su brillante sistema de rayos

- PITATUS. Al sur de Mare Nubium, visible por su suelo oscuro.

- COPERNICUS. Gran cráter lunar con sistema de rayos.

ERATOSTHENES. Tiene un pico central.

ARCHIMEDES. Se destaca por sus altas paredes.

PLATO. Notable por su forma circular y el tinte oscuro del suelo.

- KEPLER. Aunque pequeño, es muy brillante por su sistema de rayos.

- ARISTARCHUS. Aislado y con sistema de rayos.

- GRIMALDI. Su suelo es tal vez el más oscuro.

lanicies

MARE CRISIUM (Mar de Crises). La más evidente de las maria por su aislada posición, observable a simple vista.

MARE FECUNDITATIS (Mar de Fecundidad).

MARE NECTARI (Mar de Nectar).

MARE TRANQUILLITATIS (Mar de Tranquilidad). Una de las mayores maria.

MARE SERENITATIS (Mar de Serenidad). Entre las grandes planicies, la más destacada. Obsérvese la brillante raya que la cruza.

- MARE HUMORUM (Mar de Humor).

- MARE NUBIUM (Mar de Nubes).

- MARE IMBRIUM (Mar de Lluvias). La mayor de las maria, excepcionalmente oscura.

- MARE FRIGORIS (Mar del Frío).

- OCEANUS PROCELARUM (Océano de las Tormentas).

- SINUS MEDII (Bahía Central).

Montañas

APENNINES. Una de las mayores cordilleras. En fase creciente o menguante, con telescopio y alto aumento se notan las largas sombras de sus picos.

ALPES. Gran masa montañosa entre Mare Imbrium y Mare Frigoris.

- LEIBNITZ. Gran cordillera en vecindades del polo sur con las mayores alturas en la Luna, picos de más de 10.000 metros.

- CAUCASUS. Cordillera al norte de Mare Serenitatis.

- PYRENEES. Cordillera que bordea Mare Nectaris.

El Sol debe tratarse con gran respeto. Incluso una breve visión directa sin ninguna protección puede causar lesión severa en lo[s] ojos o ceguera permanente. Durante los eclipses parcial, anular o total de Sol, la ocurrencia de lesiones es mayor puesto que miles de personas intentan observar el fenómeno, y la lenta disminución del brillo solar hace que se pierdan precauciones. Pero aún con el 99% del disco solar bloqueado, la luz remanente es todavía muy peligrosa para la retina. Entonces, puede concluirse que:

- Nunca observe el Sol directamente sin protección.

- Nunca observe el Sol con binoculares, telescopio o realice fotografías, a menos que esté seguro de estar utilizando los sistemas adecuados.

La observación segura del Sol y del fenómeno de los eclipses solares puede realizarse de diversas formas. En todos los casos, la presencia de niños debe estar supervisada por adultos. Estos son los sistemas más comunes:

Proyección

Este método es sencillo, seguro, y permite observar la imagen del Sol sobre un papel blanco proyectada a través de un pequeño agujero, como el producido por un alfiler. Si la imagen se proyecta dentro de un recipiente es posible notar las manchas solares cuando las hay de buen tamaño sobre la superficie del Sol. Recuerde que hay que mirar la imagen proyectada sobre el papel y no observar a través del agujero.

Espejos

Un espejo pequeño y un pedazo de cartón del mismo tamaño con un agujero redondo de 3 a 5 mm de diámetro en su centro. Se tapa el espejo con el cartón y se refleja la luz solar sobre una pared blanca o un[a] cartulina. Se observará nítidament[e] la imagen del Sol. La proyección e[s] muy buena si se aplica dentro de u[n] cuarto oscuro o un área oscurecid[a]. También es posible detallar las man[chas] solares. No mirar directament[e] la luz reflejada por el espejo.

Filtros

La única manera de observar el So[l] directamente es a través de filtro[s] especialmente diseñados para est[e] propósito. Los más conocidos so[n] los filtros aluminizados y el filtr[o] de soldadura Nº 14. Hay que tene[r] siempre presente el riesgo de lesió[n] por descuido. No es un método re[comendable para niños. Otros fi[l]tros "caseros" como lentes oscuro[s,] negativos de películas, radiografía[s,] vidrios ahumados y plásticos de co[lores nunca deben usarse, aunqu[e] parezcan oscurecer casi por com[pleto el brillo solar; sencillament[e] estos sistemas dejan pasar la radia[ción invisible, infrarroja y ultravio[leta, extremadamente peligrosa.

Telescopios y binoculares

La observación con instrumentos ópticos del Sol y de los eclipses de Sol, totales o parciales, sólo puede efectuarse por personas con un adecuado conocimiento de las técnicas de observación. Cualquier filtro para telescopio, binocular, cámara de fotografía u otro instrumento óptico debe estar diseñado especialmente para el instrumento y el propósito, y siempre debe colocarse en el frente y nunca en el ocular. Además, hay que verificar que el filtro solar esté firmemente asegurado. Hace varios años, muchos telescopios ofrecían como accesorios unos pequeños filtros solares para poner en el ocular. Este método es muy peligroso, pues frecuentemente el filtro se rompe por la concentración de la luz y el calor. Si usted tiene un filtro de este tipo, simplemente bótelo.

Con telescopios o binoculares puede hacerse un montaje con el instrumento en su trípode y la proyección de la enfocada imagen del Sol a través del ocular sobre una placa o papel blanco. El sistema de proyección hacia el papel o placa puestos dentro de una caja de cartón facilita la observación por su aislamiento de la luz ambiente. Hay que estar permanentemente atentos a nunca observar a través del ocular y cubrir el buscador. La localización del Sol debe hacerse manualmente hasta que brille sobre la placa o el papel. Esta proyección solo puede hacerse durante algunos segundos puesto que el instrumento puede calentarse peligrosamente.

ECLIPSE TOTAL DE SOL. Unicamente durante la fase de totalidad es posible observar un eclipse de Sol sin ningún filtro. Eclipse total de Sol del 26 de febrero de 1998.

Astronomía en internet
ANEXO 3

FOTOGRAFÍA JAVIER FERNANDO RUA

ESTRELLAS CIRCUMPOLARES.
Las estrellas giran alrededor del Polo Norte celeste en el Observatorio Astronómico del Desierto de La Tatacoa en Colombia.

Hay miles de direcciones de astronomía, astronáutica y ciencias del espacio. Visitando cualquiera de los portales de las grandes entidades de estas ciencias se puede viajar por todo un universo de información. También el software de astronomía es muy útil porque casi todo en el cielo es predecible. Las siguientes son nuestras recomendaciones:

www.nasa.gov/
El portal de la agencia espacial NASA
con los últimos avances en astronomía
y astronáutica.

www.eso.org/
La página del European Southern
Observatory, los mayores telescopios
del hemisferio sur.

www.imo.net/
La página de la International Meteor
Organization con la información de las
lluvias de estrellas.

www.darsky.org/
La asociación que lucha por mantener
los cielos oscuros.

www.SkyandTelescope.com/
Noticias de astronomía y carta celeste
interactiva.

www.astropuerta.com.co/
La página personal de Germán
Puerta Restrepo.

www.astrocity.net/index.html
Directorio en español con 2.000
enlaces sobre astronomía.

www.astrored.org/
Portal iberoamericano de astronomía
en español.

http://www.eafit.edu.co/astrocol/
La red de Astronomía de Colombia,
RAC.

cfa-www.harvard.edu/iau/cbat.html
Sitio para reportar en forma inmediata
un nuevo descubrimiento como una
nova, una supernova o un cometa.

www. lpl.arizona.edu/alpo
Asociación de los observadores
de la Luna y los planetas.

www.mreclipse.com
Fotografía y observación segura
de los eclipses.

www.iau.org
Oficina central de la Unión Astronómica
Internacional.

www.lunar-occultations.com/iota
Ocultaciones de la Luna.

www. jpl.nasa.gov
Actividades para adultos y niños.

www.LaNasa.net/
La NASA en español.

cfa-www.harvard.edu/iau/
Ephemerides/Comets/
Información actualizada sobre
los cometas presentes o pasados.

www.stargazing.net/astropc
Software gratis de una carta celeste
con abundantes opciones.

www.skymapper.co.uk
Software de funciones de observación
del cielo en una agradable presentación.

www.universeawareness.org
Programa mundial de difusión de
la astronomía para niños de escasos
recursos.

www.astronomy2009.org
Celebración del año 2009 Año
Internacional de la Astronomía.

Enero, febrero, marzo

Hemisferio Norte

LA CONSTELACIÓN TAURUS con la estrella roja Aldebaran y el cúmulo de las Pleiades.

LA CONSTELACIÓN AURIGA y su brillante estrella Capella.

LA CONSTELACIÓN DE ORIÓN y su estrella roja Betelgeuse.

LA ESTRELLA PROCYON en la constelación Canis Minor.

LA CONSTELACIÓN GEMINI y sus dos estrellas principales, Castor y Pollux.

LA CONSTELACIÓN LEO y su estrella Regulus.

LAS PLEIADES, el más espectacular de los cúmulos abiertos.

M35, cúmulo abierto en Gemini con más de 100 estrellas.

NGC 2244. Maravilloso cúmulo abierto en la constelación Monoceros.

M44, La Colmena, cúmulo abierto que revela hasta 50 estrellas en Cancer.

R LEONIS, estrella variable de magnitud entre 5,9 y 11 en un lapso de 10 meses.

Docenas de estrellas en las PLEIADES inmersas en una tenue nubosidad.

M1, la Nebulosa del Cangrejo, brillando en forma ovalada en Taurus.

LA NEBULOSA ROSETA y el cúmulo abierto NGC 2244 en Monoceros, una pareja de gran belleza.

M 37, elegante cúmulo abierto en Auriga.

Υ LEONIS, estrella doble de color naranja amarillento.

M81 Y M82, dos galaxias en Ursa Major, la primera en forma oval.

LA CONSTELACIÓN ORIÓN con su cinturón de tres estrellas.

LA CONSTELACIÓN CANIS MAJOR con la estrella Sirius, la más brillante del cielo.

LA CONSTELACIÓN CARINA y su estrella de primera magnitud, Canopus.

LA GRAN NUBE DE MAGALLANES, galaxia vecina a nuestra Vía Láctea.

LA CONSTELACIÓN DE LA VELA y la figura conocida como la FALSA CRUZ.

LA CRUZ DEL SUR y la mancha oscura en la Vía Láctea, conocida como el SACO DE CARBÓN.

Las dos estrellas brillantes de Centaurus, RIGIL Y AGENA.

LA GRAN NEBULOSA DE ORIÓN, M42, la más notable del cielo.

M41, cúmulo abierto en Canis Major que revela numerosas estrellas.

M46 y M47, cúmulos abiertos vecinos en Puppis.

LA GRAN NUBE DE MAGALLANES con interesantes detalles a los binoculares.

REGOR, estrella múltiple en Vela.

IC 2602, las Pleiades del Sur y NGC 2516 en Carina, cúmulos de estrellas abiertos.

NGC 3372, fantástica visión de nebulosas y estrellas en Carina.

NGC 3532, extenso y brillante cúmulo en Carina.

OMEGA CENTAURI, el cúmulo globular más brillante del cielo.

Detalles de la NEBULOSA DE ORIÓN con las estrellas de El Trapecio en su centro.

EL CÚMULO M41 en Canis Major, con una estrella roja en su centro.

NGC 3372 y NGC 3324, dos nebulosas de Carina en una región maravillosa al telescopio.

Resolución de las estrellas en el cúmulo globular OMEGA CENTAURI.

ALPHA CENTAURI A y B, las estrellas binarias separadas por el telescopio.

Docenas de estrellas de colores en EL JOYERO, uno de los cúmulos más preciosos del cielo, en Crux.

M48, extenso cúmulo abierto en Hydra.

M83, brillante galaxia en espiral en Hydra.

PORRIMA, preciosa estrella doble en Virgo.

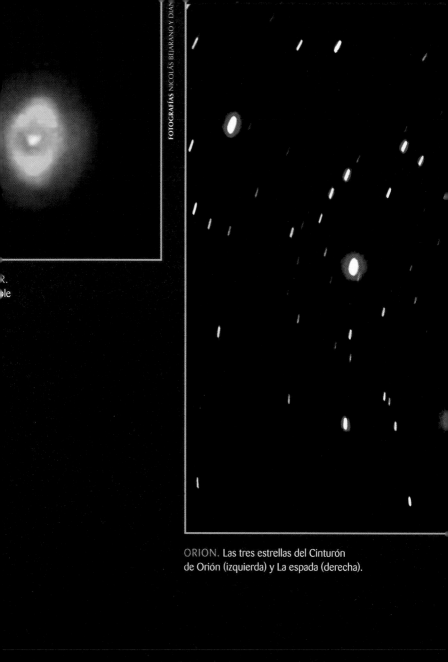

R.
le

ORION. Las tres estrellas del Cinturón
de Orión (izquierda) y La espada (derecha).

FOTOGRAFÍAS NICOLÁS BEJARANO Y DIANA ROJAS

Abril, mayo, junio

Hemisferio Norte

LA CONSTELACIÓN URSA MAJOR con sus siete estrellas en forma de cucharón.	MIZAR y ALCOR, famosa pareja de estrellas en Ursa Major.	M51, la Galaxia Remolino en Canes Venatici, y la galaxia M101 en Ursa Major.
Las estrellas MERAK y DUBHE, los Punteros del Norte señalando a Polaris.	El cúmulo de estrellas de COMA BERENICE, conocido como Melotte 111.	M3, en Canes Venatici, uno de los mejores cúmulos globulares del norte.
La estrella roja ARCTURUS en la constelación Boötes.	M13 en Hercules, el más famoso cúmulo globular del norte.	IZAR o PULCHERRIMA, "la más bella", estrella doble naranja y azul en Boötes.
EL ARCO DE ARCTURUS, entre Ursa Major y Boötis.	IC 4665, cúmulo abierto en la constelación Ophiuchus.	El cúmulo globular M13, en Hercules.
La CORONA DEL NORTE o Corona Borealis.	ε LYRAE, la Estrella Doble-Doble.	M92 en Hercules, cúmulo globular que parece una estrella.
La estrella VEGA en la constelación Lyra.	M5, interesante cúmulo globular en Serpens.	M57, la espectacular Nebulosa del Anillo, en Lyra.

Hemisferio Sur

SPICA, la estrella más brillante de la constelación Virgo.

La impresionante constelación SCORPIUS.

La estrella roja ANTARES en Scorpius.

La constelación SAGITTARIUS con su figura llamada La Tetera.

La CORONA DEL SUR o Corona Australis.

Las franjas claras y oscuras de la VÍA LÁCTEA en Sagittarius y Scorpius.

La estrella doble υ SCORPII en Scorpius.

El cúmulo abierto NGC 6231 en Scorpius, glorioso a los binoculares.

M6, cúmulo abierto en Scorpius también conocido como el CÚMULO MARIPOSA.

M7, cúmulo abierto en Scorpius con más de 60 estrellas.

NGC 6530, cúmulo abierto en Sagittarius.

M22, cúmulo globular en Sagittarius, enorme a los binoculares.

M23 en Sagittarius, cúmulo abierto con unas 100 estrellas.

M24, protuberancia de la Vía Láctea en Sagittarius.

M25, cúmulo abierto en Sagittarius.

M11, cúmulo abierto en la constelación Scutum, también llamado el Pato Salvaje.

Finas estrellas en M4, cúmulo globular en Scorpius.

La NEBULOSA DE LA LAGUNA, M8 y el cúmulo abierto NGC 6530, interesante región de Sagittarius.

M17 ó NEBULOSA OMEGA, en Sagittarius, de perfil alargado.

La NEBULOSA TRÍFIDA o M20 en Sagittarius.

M9 y M14, pareja de cúmulos globulares en Ophiuchus.

M16 y la NEBULOSA DEL AGUILA, en Serpens.

M11, en Scutum, maravilloso al telescopio.

NGC 6397, cúmulo globular en la constelación Ara.

ESCORPIÓN. La Vía Láctea, la impresionante constelación Scorpius y su brillante estrella roja Antares se observan a simple vista.

LA GALAXIA REMOLINO. Notable galaxia en espiral con una galaxia satelite.

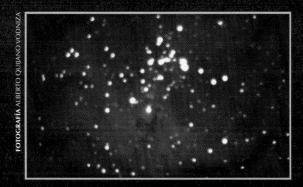

NEBULOSA DEL AGUILA. La curiosa figura de un águila se alcanza a observar entre el campo de estrellas.

EL CENTRO DE LA GALAXIA. Los brillantes campos de estrellas, nebulosas y cúmulos y las densas nubes de gases y polvo sobresalen en Sagittarius. El planeta Júpiter se observa abajo.

Julio, agosto, septiembre

Hemisferio Norte

POLARIS, la Estrella Polar en la constelación Ursa Minor.

El TRIÁNGULO DE VERANO formado por las estrellas Vega, Deneb y Altair.

La CRUZ DEL CISNE, entre las estrellas Deneb y Albireo.

El CUADRO DE PEGASO, en la constelación Pegasus.

M31, la GALAXIA DE ANDRÓMEDA, el objeto más lejano reconocible a simple vista.

La constelación de CASSIOPEIA en forma de M.

γ URSAE MINORIS, uno de los Guardianes del Polo, estrella doble en Ursa Minor.

χ CYGNI, estrella variable de período largo en la constelación Cygnus.

M39, cúmulo abierto en Cygnus, detectable a simple vista.

NGC 7000, la Nebulosa de Norteamérica, su perfil se parece al continente.

δ CEPHEI, famosa estrella de brillo variable en Cepheus.

υ CEPHEI, La Estrella Granate, variable de profundo color rojo.

M 15, interesante cúmulo globular en Pegasus.

La GALAXIA DE ANDRÓMEDA, nubosidad en forma ovalada.

R CASSIOPEIAE, estrella variable de color rojo en la constelación Cassiopeia.

ALBIREO, preciosa estrella doble en Cygnus en colores azulado y amarillo.

M 27, la Nebulosa Dumbbell en Vulpecula.

γ DELPHINI, bella estrella doble de colores naranja y verde.

M15, en Pegasus, uno de los mejores cúmulos globulares al telescopio.

M 57, la espectacular Nebulosa del Anillo en Lyra.

61 CYGNI, estrella doble de color naranja en Cygnus.

La Galaxia de ANDRÓMEDA y su galaxia vecina M 32.

ALMACH, en Andromeda, estrella doble de colores dorado y azul verdoso.

NGC 7662, en Andrómeda, nebulosa planetaria de color azul verdoso.

M 52, interesante cúmulo abierto en Cassiopeia.

La estrella doble ALGEDI, en Capricornus, separable a simple vista.

La estrella FOMALHAUT, en Piscis Austrinus, conocida como la Estrella Solitaria.

47 TUCANAE, cúmulo globular, a simple vista parece una enorme estrella.

La PEQUEÑA NUBE DE MAGALLANES en la constelación Tucana.

NGC 6752, espectacular cúmulo globular en la constelación Pavo.

M 2, cúmulo globular en Aquarius, excelente con los binoculares.

NGC 7293, la Nebulosa de la Hélice en Aquarius, con un diámetro muy extenso.

47 TUCANAE, uno de los cúmulos más espléndidos del cielo.

La PEQUEÑA NUBE DE MAGALLANES, maravillosa con los binoculares.

NGC 6752, cúmulo globular de gran tamaño.

LA NEBULOSA DE LA HÉLICE, en Aquarius, se observa mejor con poco aumento.

47 TUCANAE, con su centro muy condensado de estrellas.

La PEQUEÑA NUBE DE MAGALLANES es una galaxia satélite de la Vía Láctea.

NGC 253, interesante galaxia en la constelación Sculptor.

LA VÍA LÁCTEA EN CYGNUS.
La región de la constelación Cygnus,
El Cisne, es rica en estrellas y nebulosas.

FOTOGRAFÍA ADOLFO LEÓN ARANGO MEJÍA, GRUPO ANTARES

FOTOGRAFÍA NICOLÁS BEJARANO Y DIANA ROJAS

FOTOGRAFÍA ALBERTO QUIJANO VODNIZA

NEBULOSA DUMBBELL.
Nebulosa planetaria observable
con telescopios medianos.

JUPITER Y LUNAS. Registro fotográfico del
planeta Júpiter y sus cuatro lunas mayores.
Tomado con poco aumento.

NEBULOSA DE NORTEAMÉRICA.
Entre el campo de estrellas de la Vía
Láctea en Cygnus resplandece esta
nebulosa con el perfil de Norteamérica.

Octubre, noviembre y diciembre
Hemisferio Norte

El COLLAR DE PISCES, círculo de estrellas de magnitud 3 y 4.

La estrella HAMAL, en la constelación Aries.

La estrella variable ALGOL, en la constelación Perseus.

TX PISCIUM, en el Collar de Pisces, estrella pequeña de profundo color rojo.

Precioso campo de estrellas que rodean a HAMAL, en Aries.

La variable ALGOL, cambia su brillo en apenas tres días.

NGC 869 y NGC 884, el Doble Cúmulo, entre Perseus y Cassiopeia, fabulosa pareja de cúmulos abiertos.

M 34, extenso cúmulo abierto en Perseus.

ζ PISCIUM, bella estrella doble en Pisces.

γ ARIETIS, estrella doble en Aries.

M 33, la Galaxia del Molinillo, en la constelación Triangulum. Se observa mejor con poco aumento.

NGC 869 y NGC 884, el Doble Cúmulo, se observa mejor con poco aumento.

M34, interesante con el telescopio.

Hemisferio Sur

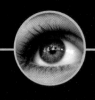

ACHERNAR, la estrella de primera magnitud de la constelación Eridanus.

MIRA, la Estrella Maravillosa en Cetus, famosa variable de período largo.

La GRAN NUBE DE MAGALLANES, galaxia vecina a nuestra Vía Láctea en Dorado.

El cambio en magnitud de MIRA, en un período de once meses.

La GRAN NUBE DE MAGALLANES con interesantes detalles a los binoculares.

NGC 2070, Nebulosa Tarántula en la Gran Nube de Magallanes.

M 77, galaxia en la constelación Cetus con un brillante núcleo.

OMICRON 2 ERIDANI, notable estrella triple en Eridanus.

LA GRAN NUBE DE MAGALLANES.
Galaxia irregular, satélite a nuestra Vía
Láctea. Aquí se observa a simple vista.

SOL PONIENTE. Atardecer en las costas del Mar Caribe.

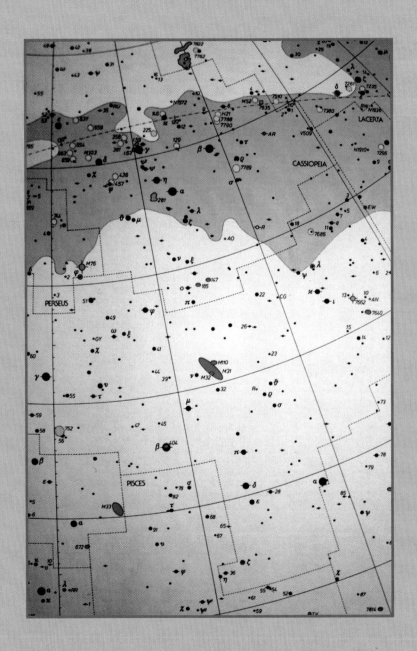

Glosario

Asterismo

Asteroide

Cometa

A

Año luz Distancia que recorre la luz en un año: aproximadamente 9,46 billones de kilómetros.

Ascensión recta La distancia angular entre el equinoccio de marzo y un punto particular del Ecuador Celeste. Equivale a la longitud terrestre.

Asterismo Figura geométrica formada con cualquier grupo de estrellas.

Asteroides Trozos de roca y metales que orbitan alrededor del Sol. También se conocen como *planetas menores*, *planetoides* o *planetesimales*.

Astrofísica Los principios de la física aplicados a los objetos celestes.

Astronomía Ciencia que estudia los movimientos, estructura y evolución de las estrellas, los planetas y demás cuerpos celestes. La ciencia que estudia el universo.

Atmósfera Envoltura gaseosa que rodea la Tierra o un cuerpo celeste.

Azimut Distancia angular de la proyección de un astro sobre el horizonte desde el Polo Norte Celeste.

C

Cenit Punto de la bóveda celeste situado exactamente en la vertical del observador.

Coma Delgado halo gaseoso que rodea el núcleo de un cometa. Sinónimo de cabellera.

Cometa Trozos de hielo y polvo en órbita alrededor del Sol.

Conjunción inferior Posición de un planeta cuando pasa frente al Sol.

Conjunción superior Posición de un planeta cuando pasa detrás del Sol.

Constelación Grupo de estrellas aparentemente vecinas que parecen formar una figura convencional.

Cosmología El estudio de la evolución y estructura del universo.

Cuadratura Posición de un planeta cuando su elongación es de 90°.

Culminación Posición más alta de un astro sobre el horizonte.

Conjunción

Eclipse

Estrella doble

Estrella fugaz

Galaxia

D

Declinación La distancia angular norte o sur entre el Ecuador Celeste y un objeto del cielo. Equivale a la latitud terrestre.

Densidad La cantidad de cualquier masa por unidad de volumen.

E

Eclipse Ocultación pasajera de un cuerpo Celeste por otro.

Eclíptica Círculo que marca la trayectoria anual aparente del Sol sobre la bóveda celeste.

Ecuador Celeste La proyección del ecuador terrestre en la esfera celeste.

Efemérides Tablas que contienen la posición diaria o anual de los astros sobre la bóveda celeste.

Elongación Distancia angular entre un planeta o la Luna con el Sol.

Equinoccio Cualquiera de las dos ocasiones durante el año, hacia marzo 21 y septiembre 21, cuando el Sol cruza el Ecuador Celeste.

Estrella Astro dotado de un brillo propio, observable como un punto luminoso (excepto el Sol).

Estrella binaria Dos estrellas orbitando alrededor de su centro común de sus masas.

Estrella doble Dos estrellas distantes que aparentan estar extremadamente vecinas en el cielo.

Estrella enana blanca Una estrella densa y pequeña en las últimas fases de la vida de una estrella ordinaria que ha agotado su combustible nuclear.

Estrella fugaz Incandescencia producida por la fricción contra la atmósfera terrestre de una partícula proveniente del espacio exterior.

Estrella gigante roja Tipo de estrella grande, fría y luminosa en las últimas fases de su evolución.

Estrella variable Estrella de brillo variable periódico.

G

Galaxia Conjunto de millones o billones de estrellas que permanecen agrupadas por la fuerza de gravedad.

Geocentrismo Sistema astronómico que consideraba a la Tierra como el centro del universo.

Gravedad Fuerza de atracción entre dos objetos.

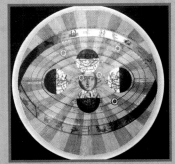
Heliocentrismo

Hemisferio celeste

Meteorito

Nova

H

Heliocentrismo Sistema astronómico según el cual se considera al Sol como el centro del universo.

Hemisferio Celeste Cada una de las dos mitades de la esfera celeste delimitada por el Ecuador Celeste.

Horizonte Círculo máximo imaginario en el que la bóveda celeste parece juntarse con la superficie terrestre.

L

Lunación Período de tiempo, 29,53 días en promedio, medido entre dos sucesivas lunas nuevas.

M

Magnitud aparente Medida del brillo aparente de una estrella.

Masa Cantidad total de materia en un objeto.

Meteorito Cuerpo proveniente del espacio exterior que cae en la superficie terrestre.

Meridiano celeste Círculo máximo que pasa por los dos polos celestes y el cenit.

Movimiento aparente Desplazamiento de un cuerpo celeste visto desde la Tierra.

Movimiento retrógrado Movimiento aparente hacia el Oeste de un planeta en el cielo, en relación con las estrellas.

N

Nadir Punto verticalmente a nuestros pies, opuesto al cenit.

Nova Una estrella que repentinamente aumenta su brillo en miles de veces.

Ocultación

O

Ocultación El oscurecimiento temporal de la luz de un cuerpo celeste por otro.

Oposición El momento en el cual un cuerpo celeste está opuesto a otro en el cielo, con la Tierra entre los dos.

Órbita La trayectoria de un cuerpo celeste alrededor de otro.

Planeta

P

Planeta Cuerpo celeste sin brillo propio que gira alrededor de las estrellas.

Polo Celeste Punto imaginario del cielo en donde el eje de rotación de la Tierra proyectado al infinito tocaría la imaginaria esfera celeste.

Precesión Lento movimiento del eje de rotación de la Tierra que resulta en la traslación de los polos celestes en un período de aproximadamente 26.000 años.

Satélite

R

Radiante Punto en el cielo desde el cual pareciera proceder una lluvia de meteoritos.

Radioastronomía Ciencia que estudia la radiación electromagnética emitida por los astros.

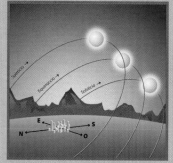
Solsticio

S

Satélite Cuerpo en movimiento orbital alrededor de otro objeto. También se conoce como Luna.

Solsticio Momento en el cual el Sol alcanza su máxima declinación norte, hacia el 21 de junio, o sur, hacia el 21 de diciembre.

Supernova Estrella en explosión que incrementa su luminosidad en grado tal que puede aparecer como una nueva estrella en el cielo.

Transito

Vía Láctea

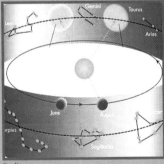
Zodiaco

T

Tránsito El pasaje de un cuerpo celeste pequeño sobre el disco de uno mayor.

U

Unidad astronómica (UA) La distancia media entre la Tierra y el Sol: alrededor de 150 millones de km.

V

Vía Láctea Nuestra galaxia. También es el plano de la galaxia visible en el cielo como una multitud de estrellas no diferenciables.

Z

Zodiaco Zona de la esfera celeste limitada por dos círculos paralelos a la eclíptica y en el cual transitan el Sol, la Luna y los planetas.

Bibliografía

PUERTA RESTREPO, GERMÁN; *Astronomía para Todos*, Taller de Diseño, Bogotá, 2005.

PUERTA RESTREPO, GERMÁN; *Historias y Leyendas del Cielo*, Editorial Panamericana, Bogotá, 2007.

LEVY, DAVID H.; *Observar el Cielo*, Editorial Planeta, Barcelona,1995.

CHARTRAND, MARK R.; *Field Guide to Night Sky*, The Audobon Society, New York, 1991.

AUPI, VICENTE; *Atlas del Firmamento*, Editorial Planeta, Barcelona, 1998.